Frank Richter

DRESDEN

Für Erika

Frank Richter

DRESDEN

Elbflorenz – Zwischen Barock und Moderne

rosenheimer

INHALT

Linke Seite: Der Mozartbrunnen im Landschaftsgarten Bürgerwiese

LEIPZIG

Dresden aus dem Ballon gesehen, 1851, kolorierte Lithografie von A. Eltzner und H. Walther.
Nur wenige Städte in Deutschland kommunizieren auf so großartige Weise mit einem Fluss.

Vorhergehende Doppelseite:
Dresdens berühmte Schauseite ist die Silhouette der historischen Altstadt, hier von der Carolabrücke mit Kunsthochschule, Frauenkirche, Sekundogenitur, Ständehaus, Schlossturm und Kathedrale.

VOM MYTHOS DER STADT

I.

Als Franz Grillparzer am 26. August 1826 über die alte Poststraße von Teplitz nach »Gießhübel« und weiter nach Dresden reiste und zum ersten Male »dieses Volk seine blökende E-Sprache ausbreiten« hörte, sah er gleichwohl auch »das schöne, ich möchte sagen gebildete Land« und empfand den »Abstich zwischen Böhmen und Sachsen« als »wirklich ungeheuer«. Fünf Jahre später nennt der Däne Hans Christian Andersen Dresden den »Übergangspunkt in der Mitte von Nord- und Süddeutschland«. Er bezeichnet damit einen Sachverhalt, der seit Gründung der Mark Meißen prägend für Stadt und Kurfürstentum geworden ist. Damals kamen Siedlungsströme aus dem Norden, der Mitte und dem Süden des alten deutschen Sprachgebietes in den östlichen Kolonisationsraum. Ihre Sprache, das Obersächsische, das die unterschiedlichen Dialekte verknüpfte, galt lange als vorbildlich, und noch der berühmte Dresdner Oberbibliothekar Johann Christoph Adelung, gebürtiger Norddeutscher, wollte sie wieder zur allgemeinen Norm erheben. Eine Nord-Süd- und Ost-West-Konstellation prägten vor allem Dresden, mit dem Erzgebirge als einer historisch-territorialen, konfessionellen und geografischen Grenze zu Böhmen und der Elbe als Handels-, Verkehrs- und Kulturweg, mit den alten Beziehungen zu Polen, die auch nach dem Ende des Königtums bewahrt wurden, den familiären Bindungen der Wettiner an Österreich, Italien, Frankreich und Dänemark.

Eine Zwischenstellung auch politisch, die mit den Konflikten zwischen Habsburgern und Hohenzollern von 1740 bis 1866 dem Land und vor allem seiner Hauptstadt vielerlei Leiden brachte. Die sorbische Bevölkerung in den beiden Lausitzen und die böhmischen Exulanten bewahrten die Beziehungen zum Slawischen ebenso wie später die zahlreichen Russen, die hier lebten. Eine Elite des polnischen Adels und Bürgertums ist auf dem katholischen Friedhof in der Friedrichstadt begraben. Französisch war die Kultur des Adels und des gehobenen Bürgertums, und Frankreich war, unbeschadet der militärischen und wirtschaftlichen Bedrückungen unter Napoleon, bis 1866 eine Schutzmacht des Landes. So prägten diese Spannungen und Synthesen zwischen dem Lateinisch-Romanischen, Slawischen und Deutschen, zwischen der bildlosen Religiosität des protestantischen Wortes und der Schaukultur des katholischen Südens den Geist der Stadt – auch jene aus einem tradierten Misstrauen der Konfessionen und den Botschaften von europäischer Weite.

Die Residenz der katholischen Kurfürsten und Könige im Kernland des Luthertums wurde geistig, künstlerisch und architektonisch ein Ort der Verknüpfung, der Toleranz und Ökumene, dessen Stadt- und Sinnzeichen die beiden großen Kirchen waren, nahe beieinander im Raum und in der Zeit ihres Entstehens: die Frauenkirche George Bährs und die Katholische Hofkirche (Kathedrale) Gaetano Chiaveris. Dresden, ein »deutsches Florenz«, wie es Johann Gottfried Herder genannt hat, und ein Gesamtkunstwerk, wie es die Romantiker begriffen, südlich-katholisch in seinen markanten Stadtzeichen, jener Stromsilhouette, die das Augusteische Zeitalter an den Himmel geschrieben hatte, mit der italienischen Oper, der Musik in der Hofkirche, der Galerie mit ihren berühmten Sammlungen italienischer und spanischer, niederländischer und deutscher Kunst.

Ein urbanes Ereignis auch in der Verbindung von Stadt und Naturraum, deren Faszination die Maler schon im frühen 18. Jahrhundert, die Poeten an seinem Ende gesehen und oft genug als Bild des Lebens und als ästhetische Topografie aus Beobachtung, Träumen oder Erinnerungen verstanden haben. »Die Straße von Meißen läuft zwischen einem langen gebogenen Hügelrücken und der breiten gebogenen Elbe herrlich hin«, schreibt Jean Paul am 17. Mai 1798 an seinen Freund Christian Otto. »Betrittst Du die Dresdner Brücke, so liegen Paläste wie Städte vor Dir, und neben Dir eine Elbe, die aus einem weiten Reiche in das andere fließet; ferne Berge, Ebenen, verlorne Schiffgen, die wandelnde Prozession der einen Brückenseite, die entgegengehende der andern, eine lange Allee und das Getümmel des Lebens ergreifen Dich.«

II.

So unterschiedlich die Berichte der Reisenden sind, gemeinsames Element ist fast immer ihre Bewunderung. Die Stadt Dresden sei »ein bloßes Lustgebäude«, schrieb 1718 Goethes Großonkel, der preußische Regierungspräsident Johann Michael von Loën. Es werde »nunmehr Athen für Künstler«, heißt es knapp vierzig Jahre später bei Johann Joachim Winckelmann. Seine »Lage ist reizend und entzückend«, denn die Stadt »liegt in einem anmutigen Tale, durch welches die majestätische Elbe strömt«, so 1782 der Bibliothekar Karl Wilhelm Daßdorf in seiner zweibändigen »Beschreibung der vorzüglichsten Merkwürdigkeiten der Churfürstlichen Residenzstadt Dresden und einiger umliegenden Gegenden«. Georg Forster, der Weltreisende, notierte zwei Jahre später: »Dresden ist ein schöner, gut gebauter, angenehmer Ort, die Elbbrücke ist wie die Westminsterbridge … Ein enges Tal, eine halbe Stunde von der Stadt, heißt der Plaunsche Grund und ist von beiden Seiten mit hohen Granitmassen eingefasst, mit Waldung bedeckt, kurz ein romantisches Plätzchen.«

Historischer Elbdampfer vor dem Altstädter Ufer

Sie benennen das, was in unterschiedlichem Maße stets hervorgehoben wurde: das festliche Dasein, Kunst und Architektur als Zeichen der Schönheit, die Harmonie zwischen Stadt- und Naturraum. Ressourcen eines Mythos von Dresden, die im Laufe der Geschichte erkannt und, indem sie mit einem relativ begrenzten Inventar von Zeichen variiert wurden, zu den Erinnerungsorten von Dresden gehören. Für das Bewusstsein von Stadt und Landschaft haben sie sich als fast paradigmatisch erwiesen; für den Mythos als jenen »unsichtbare(n) Horizont, auf den wir unsere Begriffe der Wirklichkeit projizieren« (Karlheinz Stierle). Die wohl populärsten Bild-Zeichen für Stadt- und Stromlandschaft – gleichsam eine Variation »von Zeit und Strom« (Thomas Wolfe) – haben am Anfang und am Ende der klassisch-romantischen Kunstperiode Bernardo Bellotto (um 1750) und Johan Clausen Dahl (1839) geschaffen. Was Clemens Brentanos und Heines Lore-Ley-Gedichte für den Rhein-Mythos geleistet haben, war für die Elblandschaft zuerst ein Verdienst der Maler. Als Zeichen für das »Athen« Winckelmanns und das »deutsche Florenz« Herders ist Raffaels Sixtinische Madonna wohl am einhelligsten akzeptiert, interpretiert und seit wenigstens 1800 zugleich vermarktet und einer touristischen Betriebsamkeit preisgegeben worden – das Schicksal vieler Stadtzeichen. Beeindruckend war die Begegnung mit den Skulpturen und den Mengsischen Abgüssen oft nachts bei Fackelschein. »Zwischen den Säulen ruhen die alten Götter, die ihre Grabeserde oder ihre Himmelswolken abgeworfen haben, und die uns eine heilige, selige, stille Welt in ihrer Gestalt und in unserer Brust aufdecken. Du findest da den Unterschied zwischen der Schönheit eines Menschen und der Schönheit eines Gottes.« In seinem Brief vom 17. Mai nennt Jean Paul auch das, was jene Generation von Künstlern um 1800 bewegte: »So oft ich künftig über große oder schöne Gegenstände schreibe, werden diese Götter vor mich treten, und mir die Gesetze der Schönheit geben. Jetzt kenne ich die Griechen und vergesse sie nie mehr.«

Das von Krieg, Tod und Zerstörung gedemütigte Dresden, auf dessen Trümmer vom Juli 1760 und Februar 1945 jener »Engel der Geschichte« Walter Benjamins blickt, haben für den Siebenjährigen

Festliche Stimmung
auf der Brühlschen
Terrasse (Ständehaus
und Kathedrale)

Der Zwingerhof mit dem Wallpavillon. Links davon der Mathematisch-Physikalische Salon, rechts der Französische Pavillon

Krieg Wilhelm von Archenholz, für die Zeit Napoleons E. T. A. Hoffmann in seinem Tagebuch, Ludwig Richter und Karl Gustav Nieritz in ihren Lebenserinnerungen gültig beschrieben. Denn stets gehören zum Diskurs des Mythischen zugleich die Abgründe. Bis vor wenigen Jahren war dafür die Ruine der Frauenkirche weltweit konnotiert als Metapher eines geschichtlichen Bruches, den die Stadt erfahren hat; ein Zeichen, das in seiner Bedeutung nie zur Ruhe gekommen ist. Goethe sah 1768 von der Spitze der Kirche das Panorama der zerstörten Stadt, er war im Juli 1790 zweimal auf der Kuppel, und am 11. August 1813 blickte er von dort noch einmal auf eine Stadtlandschaft, die kaum zwei Wochen danach Schauplatz grauenvoller kriegerischer Ereignisse werden sollte.

Vom Untergang der Stadt am 13. Februar 1945 gibt es keine erwähnenswerten poetischen Zeugnisse, nur die Sprache der Dokumente. »Aber wenn es ernst wird, verschmäht man die Kunst und ist ihrer nicht fähig«, heißt es bei Thomas Mann im Doktor-Faustus-Roman.

Vornehmlich jene Generation, die jung war in den Jahren der Revolutions- und Napoleonzeit, hat den Mythos von Dresden ins Bewusstsein gehoben, der seitdem zum Bild der Stadt gehört. Vergangenheit verbindet sich dabei so innig mit Gegenwärtigem, dass eine versunkene Zeit in ihren beseelten Bildern und Denkbildern weiterlebt bis zum heutigen Tag. Einer linearen Chronologie entrückte Zeichen aus Natur und Kunst gerinnen im Bewusstsein zu einer neuen Einheit, die ein Eigenleben gewinnt und oft genug die reale Existenz vergessen lässt. Die »Kalenderzeit« wird – um Begriffe des russischen Dichters Alexander Blok aufzugreifen – zur »musikalischen Zeit«: »Musikalisch leben wir nur dann, wenn wir der Natur nahe sind, wenn wir uns den Wellen der Musik überlassen, die aus dem Weltorchester klingt.« So ist die Frauenkirche, um nur das markanteste Stadtzeichen zu nennen, über 250 Jahre Teil dieses urbanen Mythos, ein Archetypus städtischer Identität als Glaubens- und Architekturzeichen und als Ruine Denkmal und zugleich Chiffre für Widerstand

und Erneuerung. Das Nachdenken über den Mythos von Dresden steht darum im Kontext eines nach 1945 stets unterdrückten Stadtbewusstseins, das angesichts von Zerstörung, Abriss, instinktloser Überbauung und Verfall stets Dissens zu offiziellen Doktrinen bewahrte. Vielleicht ist erst seit dem Untergang der alten Stadt das schlafende Bewusstsein von ihrer Einmaligkeit ganz erweckt und zu Aktionen gebracht, ist sie als wichtiger Bezugspunkt im kulturellen Gedächtnis der Nation ein »deutscher Erinnerungsort« geworden, Fixpunkt für das ästhetische und emotionale Bewusstsein – und für die kontroversen Bemühungen um Neubeginn und Bewahrung, damit zugleich ein Zeugnis für deutsches Schicksal im 20. Jahrhundert.

Die Achtung vor Schöpfungen der Vergangenheit gründet sich, zugegebenermaßen, zuerst auf eine konservative, also auf Bewahrung, Erhaltung, Erinnerung bedachte Appellfunktion, ist gerichtet gegen Verlockungen des technisch Machbaren, die Illusionen einer »Moderne«, die sich, beispielsweise, 1953 im Albtraum einer sozialistischen Zeichenmanipulation kundtun wollte, als mit den Entwürfen für den stalinistischen »Kulturpalast« die Stadtsilhouette mit ihren Türmen, die in triumphaler Geste zum Himmel weisen, zerstört worden wäre. Die Bewahrung oder Rekonstruktion überkommener urbaner Zeugnisse will kein »Las Vegas an der Elbe« sein, keine Präsentation anachronistischer Zitate. Davon mögen Leute schreiben, vor deren eitlen architektonischen Selbstdarstellungen sich das historische Zentrum bislang verweigern konnte. Noch der 2001 zerstörte Glaskoloss des World Trade Centers zeigte (wenigstens als Ansatz) die Tendenz zu einer rationalistischen Globalisierung von Stadtzeichen, deren uniforme, austauschbare Perfektion zur Bedrohung jenes Stadt- und Naturraums und damit einer Vergangenheit führen könnte, der Dresden seine Singularität verdankt hatte.

III.

Im September 1785 werden sie im Loschwitzer Weinberg Christian Gottfried Körners jenes Lied »An die Freude« gesungen haben, das der 25-jährige Schiller als Huldigungs- und Trinklied gedichtet hatte.

Bald wurde auch die Botschaft vom »Männerstolz vor Königsthronen« erkannt. Dresden galt in den Jahren nach der Französischen Revolution nicht nur als Idylle für Reisende; seine Umgebung war 1790 auch Schauplatz der größten deutschen Bauernunruhen seit dem 16. Jahrhundert, die Stadt vier Jahre später Zentrum eines Aufstandes der in drückender Armut lebenden Handwerksgesellen. Klagen der Schriftsteller sind oft genug Zeichen eines permanenten Identifikationskonfliktes mit den Lebensformen der Stadt, ihrer ständischen und höfischen Wirklichkeit. Zwei Stadtzeichen sind zu Erinnerungsorten für den Wandel von großer, um nicht zu sagen vermessener Vergangenheit, zu Genügsamkeit und Enge geworden. In einer heroischen Geste will der »Goldene Reiter« den imperialen Anspruch August des Starken auf das polnische Königtum benennen, während das Denkmal seines Urenkels Friedrich August, seit 2008 auf dem Schlossplatz, einen tatenarmen, gedankenvollen Grübler zeigt. Ernst Rietschel war ein genauer Beobachter, wie auch sein Denkmal der Weimarer »Dioskuren« zeigt.

»Freimütigkeit ist hier nichts weniger als zu Hause, und in Rücksicht der politischen und religiösen Denkungsart steht der Sachse hinter seinen Nachbarn wenigstens um ein halbes Jahrhundert zurück … Ein Schriftsteller und ein Jakobiner sind bei den höheren Ständen fast gleichbedeutend.« Ähnliche Erfahrungen wie 1792 Georg Friedrich Rebmann schien auch Schiller wenige Jahre zuvor hier gesammelt zu haben, wenn er die Dresdner in einem Brief vom 4. Dezember 1788 »vollends ein seichtes, zusammengeschrumpftes, unleidliches Volk« nennt, »bei dem es einem nie wohl wird«. Beschimpfungen dieser Art sind gleichsam ein Kontrapunkt zu den enthusiastischen Stadtschilderungen. Noch am 12. März 1844 spottet Robert Prutz in einem Brief an Georg Herwegh über »Dresden, das Land der Kuchenfresser, die verwaschenste, farbloseste, breiweichste Generation, die es in Deutschland gibt«. Theodor Fontane hingegen, der 1842/43 als Gehilfe in der Struveschen Salomonis-Apotheke am Neumarkt gearbeitet und in Dresden nicht die angenehmsten Erfahrungen seines Lebens gemacht hat, urteilt in seinen Lebenserinnerungen (»Von Zwanzig bis Dreißig«) anders, wenn er dem »Kaffeesachsen, also de(m) sentimentalen sächsischen Typus den energischen, leidenschaftlichen, zornig verbitterten« gegenüberstellt. Und über die preußischen Truppen, die den revolutionären Aufstand vom Mai 1849 niederschlagen mussten, schreibt er: »Hier stand man einer wirklichen revolutionären Macht gegenüber. Auf diese Kerntruppe der Revolution passte nicht mehr das, was ich von bloßen Krawallern und Tunichtguten gesagt habe, hier befehdeten sich zwei Prinzipien.«

IV.

Vor dem Wort standen die Bilder; vor der poetischen Entdeckung des Dresdner Raumes in der Romantik die Entwürfe der Maler. Johann Alexander Thiele oder Bernardo Bellotto haben lange vor den Dichtern das gezeigt, was bald Allgemeinbesitz wurde. Erst um 1800 werden Stadt- und Naturzeichen in ihrer Bündelung als zeitlose Metaphern existenzieller Erfahrungen begriffen und in zunehmendem Maße auch verbaler Teil des allgemeinen Bewusstseins, bezeichnenderweise in den Jahren, die Europa in seinen Tiefen erschütterten. Nun wird nicht mehr jene »edle Einfalt und stille Größe« befragt, mit der Winckelmann dem barocken Übermaß das Klassische entgegengestellt hatte. Der Blick öffnet sich einer neuen Sehweise, die Unruhe und Vielschichtigkeit verheißt – ein Denken, Empfinden und Sehen, das die Realien dieser Epoche des Umbruchs trifft und über sie hinausweist auf das Künftige einer Moderne. »Der Sitz der Seele ist da, wo sich Innenwelt und Außenwelt berühren. Wo sie sich durchdringen, ist er in jedem Punkt der Durchdringung«, heißt es 1798 in »Blütenstaub« von Novalis.

Die romantische Synästhesie von Poesie und Malerei, 1796 in Heinrich Wackenroders »Herzensergießungen eines kunstliebenden Klosterbruders« zum ersten Mal benannt, findet für den Dresdner Raum ihre Entsprechung in jenem »Gespräch« über die »Gemählde«, das August Wilhelm, Friedrich und Caroline Schlegel zusammen mit Friedrich Schelling am 25. und 26. August 1798 geführt haben. August Wilhelm und Caroline, die wohl geistvollste Frau der Goethezeit, haben ihm für das »Athenaeum« eine Kunstform gegeben. Der Weg vom Japanischen Palais zum Stallhof führt die Betrachter in die Kernbereiche der Stadtlandschaft, gleichsam ihre Sinnmitte, wo sich Stadt- und Naturzeichen im Zwischenreich einer Spiegelwelt vereinen. »Hier, dächt ich, ließen wir uns nieder; wir können keinen bequemeren und anmuthigeren Sitz finden. Vor uns der ruhige Fluss; jenseits erhebt sich hinter dem grünen Ufer die Ebne in leisen Wellen, dort unten spiegelt sich die Stadt mit der Kuppel der Frauenkirche im Wasser, oberhalb ziehn sich Rebenhügel dicht an der Krümmung hin, mit Landhäusern besäet und oben mit Nadelholz bedeckt.« Sie sehen die Stadt als Spiegelbild, als einen Raum der Unruhe, in dem die Wirklichkeit virtuell existiert und zugleich präsent ist, und sie fragen nach der Kunst als einer Wirklichkeits- und Möglichkeitsform. Reales und Empfundenes verbinden sich zu dem, was man das »schlafende Bewusstsein der Stadt« genannt hat; eine Archäologie der Stadt-Zeichen und der Natur-Zeichen, die nun auch in der Literatur zur Lesbarkeit erhoben werden. 1802 erlebte Friedrich Schlegel noch einmal die vertraute Landschaft der Frühromantik. Es ist ein Abschied von beidem. »Der Augenblick stand mir noch oft lebhaft vor Augen, in welchem wir von dem Dome zu Meißen auf die Elbe und das romantische Tal heruntersahen, das mir so teuer ist, weil ich hier zuerst die Natur in schönerer Gestalt sahe … In dem schönen Dresden erwachte zuerst mein jugendliches Gefühl …«

Herkules mit der Weltkugel am Wallpavillon des Zwingers

V.

Nichts vermag jenen Paradigmenwechsel im Bild der Stadt deutlicher zu veranschaulichen als die Sprache selbst. In Benjamin Gottfried Weinarts »Topographische(r) Geschichte der Stadt Dresden, und der um dieselbe herum liegenden Gegenden« von 1777 liest man in der »III. Abteilung. Ueber den jetzigen Zustand von Dresden, und dessen innerlichen Verfassung überhaupt« Folgendes: »Ist ie eine Stadt nach wahren und ächten Grundsätzen der Policey eingerichtet, so ist es gewiß unter vielen andern Dresden … Die Gassen sind weder zu enge, noch zu weit, sie sind reinlich, weil das Pflaster unaufhörlich verbessert wird. Die Luft ist wegen des vorbeyfließenden Elbstroms, der alle etwan sich über der Stadt verbreitete unreinen Dünste mit sich wegziehet, rein, gesund und unschädlich. Man gehe zu einem Thore hinaus, zu welchem man wolle, wird man die fruchtbarsten Auen und die bebautesten Aecker erblicken. Alles ist Abwechslung. Alle Reizungen der Natur haben gleichsam diese Stadt in ihren Schoos aufgenommen. Waldungen, in einer gehörigen Entfernung, Berge, theils nahe, theils fern, umgeben die ganze Gegend, und stellen dem Auge ein entzückendes Amphitheatrum dar.«

Das sind Botschaft und Sehweise des Rationalismus, der sich auch sprachlich in Signalen wie »weil« und »wegen« kundtut. Ihm hat sich die Natur unterzuordnen. Der Elbstrom hat die Funktion einer Entlüftung; die Proportionen von Landschaft und Stadt sind »gehörig« und finden ihren Ausdruck in der geometrisch berechenbaren Form eines »Amphitheatrums«. Stadt- und Naturzeichen sind Abbilder bürgerlicher Tugenden wie Ordnung, Berechenbarkeit, Sauberkeit.

Eine Generation nach Weinart erinnert sich Heinrich von Kleist (18. Juli 1801, an Karoline von Schlieben): »Was macht auch mein liebes Dresden? Ich sehe es noch vor mir liegen in der Tiefe der Berge, wie der Schauplatz in der Mitte eines Amphitheaters – ich sehe die Elbhöhen, die in einiger Entfernung, als ob sie aus Ehrfurcht nicht näher zu rücken wagten, gelagert sind, und gleichsam von Bewunderung angewurzelt scheinen – und die Felsen im Hintergrunde von Königstein, die wie ein bewegtes Meer von Erde aussehen, und in den schönsten Linien geformt sind, als hätten da die Engel im Sande gespielt – und die Elbe, die schnell ihr rechtes Ufer verläßt, ihren Liebling Dresden zu küssen, die bald zu dem einen, bald zu dem andern Ufer flieht, als würde ihr die Wahl schwer, und in tausend Umwegen, wie *vor Entzücken*, durch die freundlichen Fluren wankt, als wollte sie nicht ins Meer – … und die Weißritz, die sich aus den Tiefen des Plauenschen Grundes losringt, wie ein verstohlnes Gefühl

In elegantem Bogen windet sich die Elbe durch den Stadtkern von Dresden.
Die evangelische Frauenkirche und die katholische Kathedrale sind die Glanzpunkte der Altstadt.

Blick über den Wachwitzer Elbhang mit dem Fernsehturm auf die
Elbtalweitung mit dem Ostteil der Stadt

aus der Tiefe der Brust, die, immer an Felsen wie an Vorurteilen sich stoßend, nicht zornig, aber doch ein wenig unwillig murmelt, sich unermüdet durch alle Hindernisse windet, bis sie an die Freiheit des Tages tritt und sich ausbreitet in dem offnen Felde und frei und ruhig ihrer Bestimmung gemäß ins Meer fließt –«

Der Brief kommt aus Paris, einer unübersichtlichen Großstadt, die »viel Lächerliches, noch mehr Abscheuliches« zeigt (29. Juli, an A. v. Werdeck), wo man »kalt aneinander vorüber[geht]« (18. Juli, an K. v. Schlieben). Der ungeliebte Standort stimuliert eine Matrix von Zeichen, mit denen der überschaubare Dresdner Raum als personifiziertes Bild der Sehnsucht beschworen wird. Eine genau gesehene und zugleich verklärte Außenwelt verbindet sich mit der Innenwelt zum Bild des agierenden Lebens. Es sind die Metaphern des Amphitheaters und der Engel, einer Ordnung aus Schauspiel und Unermesslichkeit, der Erde und der Religion. Nun sind die Berge nicht mehr rational einer »gehörigen Entfernung« zugewiesen, sondern spiegeln die Unfassbarkeit eines bewegten Meeres und in den Linien, die das Spiel der Engel im Sande hinterlassen hat, die »Hieroglyphenschrift« der Kunst. In einer dramatisch-personifizierten Bewegung suchen Weißeritz und Elbe eins zu werden mit dieser Unendlichkeit. – Erst eine Reise um die Welt, so Kleist im Aufsatz »Über das Marionettentheater«, könne an dem »Punkt, wo die beiden Enden der ringförmigen Welt ineinander griffen«, Schönheit und Harmonie (»Grazie«) wieder entdecken.

In Kleists Traum von der Dresdner Landschaft vereinen sich jene »zwei wunderbaren Sprachen« aus der Natur und der Hieroglyphenschrift der Kunst, über die Wackenroder und Tieck wenige Jahre zuvor nachgesonnen haben. Und auch dies hat Tieck in seinem Roman »Franz Sternbalds Wanderungen« gesagt: »[N]icht die Berge will ich abschreiben, sondern mein Gemüt, meine Stimmung, die mich gerade in diesem Moment regiert, diese will ich mir selber festhalten und den übrigen Verständigen mitteilen.« Er hat gewusst, dass in der Verinnerlichung und Beseelung der Natur, dem Willen zur Entgrenzung, die entschiedenste Absage an das militaristische Denken der Aufklärung vollzogen wird. Die Landschaft um Dresden ist für Kleist nicht mehr »Irdisches Vergnügen in Gott« (Barthold Hinrich Brockes); sondern gleichsam Modell einer »Weltseele«, in der sich Geist und Natur, Welt und Mensch, Objekt und Subjekt verbunden haben. Er selbst, der Dichter, wird zum Mitschöpfer eines Mythos des Dresdner Raumes.

VI.

Es wurde einleitend betont, dass zum Diskurs um den Mythos auch die dunklen Seiten der Überlieferung gehören, das Reich der Tiefen und der Toten, dem Novalis nachgegangen ist, und die »Ansichten von der Nachtseite der Naturwissenschaft«, die Gotthilf Heinrich Schubert 1807 in seinen berühmten Dresdner Vorlesungen zu deuten suchte. Die neuen naturwissenschaftlichen Erkenntnisse und ihre Schatten, das Abenteuer der Ballonfahrten in einem ungeahnten Zwischenreich von Himmel und Erde – Schubert hatte über die Bilder seines Freundes Caspar David Friedrich geschrieben, »dergleichen« könne »nur der Luftschiffer sehen« –, dazu die Ahnungen von geheimnisvollen kosmischen Kräften zwischen Diesseits und Jenseits, Mensch und Kreatur, die Anton Mesmer am eindrucksvollsten, zumindest publikumswirksamsten dargestellt hat: All dies schuf seit 1806, als der Epochenumbruch auch das verträumte Dresden berührt hatte, eine Atmosphäre der Unsicherheit, der Ungewissheit und der Furcht. Die Stadt in Kleists Kohlhaas-Fragment ist nicht nur historisch eine andere als die seines Briefes von 1801. Am entschiedensten hat E. T. A. Hoffmann am Ende der Dresdner Romantik in seiner Novelle »Der goldne Topf« die in eine Philisterwelt und eine Nachtseite zweigeteilte Stadt gezeichnet. Die Nachtseiten der Geschichte mit der Schlacht vom August 1813 und der Belagerung im folgenden Herbst hat er in seinen Tagebüchern als »Drei verhängnisvolle Monate« beschrieben.

Am Ende der klassisch-romantischen Zeit malte 1832 Caspar David Friedrich »Das Große Gehege bei Dresden« als eine erfahrene und eine erfundene Landschaft. Noch einmal sind für den frommen Romantiker Himmel und Erde eins geworden im Licht der göttlichen Gnade. Er hat sie in vielen Bildern gesucht, auch im »Abendstern über Dresden«. Doch der Stadt war die Gnade versagt, als der Hauptmann William Topper an jenem 13. Februar 1945 um 22.05 Uhr die entscheidende rote Zielmarkierung abwarf, nur wenige Hundert Meter entfernt von einem Ort, wo sich für Friedrich der göttliche Abendhimmel mit den Wassern des Irdischen vereinte. Das alte Dresden, die Stadt der Kurfürsten und Könige, ist seitdem ein Vineta auf dem Grund der Geschichte, dessen Glocken über die Jahrzehnte hinweg stets in jenen Minuten zu hören sind, die damals dem Untergang vorausgingen.

Lichtspiel am Turm der Kathedrale

Dieses Buch weiß sich den alten Schönheiten von Stadt- und Naturraum verpflichtet. Es begreift sie als Erinnerungsort zwischen dem augusteischen Barock und der Gegenwart, zwischen der Elbe als einem »Strom der Zeiten« (Carl Gustav Carus), der die Erinnerung nicht fortträgt, sondern sie erneuert und damit bewahrt, und den Landschaften an ihren Ufern. Es hält dies fest im modernen Medium der Fotografie, einem »Kunstwerk im Zeitalter seiner technischen Reproduzierbarkeit«, dessen Ästhetik Walter Benjamin 1936 von der »Dynamik der Zehntelsekunde« bestimmt sah. Doch nicht die Flüchtigkeit des Augenblicks ist es, von der diese Bilder erzählen, sondern das Bleibende, Gültige und Nachdenkenswerte sind Thema und Aussage auch im scheinbar Vergänglichen. Darum kann dieser Beitrag zu einem kulturellen Gedächtnis der Stadt vielleicht auch Antworten bereithalten auf die Frage, woher wir kommen und wohin wir gehen und was wir tun sollen für jene, die nach uns diese Stadt bewohnen werden – oder, um es nochmals mit Franz Grillparzer zu sagen –, »dass wir unseres Ursprungs gedenken und unseres Ziels«.

Günter Jäckel (†)

Die Altstadtsilhouette von der Marienbrücke aus gesehen

Folgende Doppelseite:
Der berühmte Canalettoblick vom Neustädter Ufer aus

Elbe Biergarten
THEATERKAHN
KAHNALETTO
Das Theater auf der Elbe

DAS HISTORISCHE DRESDEN

Unser erster Gang gilt dem Zwinger. »Der Dresdner Zwinger ist der Gipfel des Barock in Europa« (Hans Weingart). Von welcher Seite der Besucher den Zwingerhof auch betritt, ihn empfängt eine überwältigende Heiterkeit und Festlichkeit: Architektur in höchster Vollendung. Musik aus Stein.

August der Starke (1670–1733), der kunstsinnige Kurfürst von Sachsen und machtbewusste König von Polen, beauftragte 1709 seinen Stararchitekten Matthäus Daniel Pöppelmann (1662–1736), einen repräsentativen Festplatz zu errichten. Schnell musste es gehen. Für den bevorstehenden Besuch des dänischen Königs Friedrich IV. wurde ein prachtvolles Provisorium aus Holz errichtet. Es war ein sechseckiges Amphitheater für Turniere und Spiele. Überhaupt sollten hier alle Arten von Lustbarkeiten abgehalten werden, die das barocke Lebensgefühl am Hofe Augusts widerspiegelten. Die Anlage gefiel. Der Kurfürst wollte sie aus Stein. Pöppelmann ließ 1714 das Provisorium abreißen und begann, seine genialen Zwingerpläne umzusetzen. Es ging um eine weit gespannte Barockanlage bis hinunter zur Elbe. Sie sollte alles Bisherige übertreffen.

Der Kurfürst drängte. Zur Hochzeit des Kurprinzen mit der Habsburgerin Maria Josepha 1719 wurde der europäische Hochadel erwartet. Wieder musste ein Provisorium her, denn die Seite zur Elbe hin war noch offen. Mit der Festtribüne und der Königsloge wurde die Lücke geschlossen. Heute steht an dieser Stelle die Sempergalerie. Mit Pöppelmanns Tod starben auch die Zwingerpläne – der Bau blieb unvollendet.

Das letzte große höfische Fest erlebte der Zwinger 1747 anlässlich der Doppelhochzeit der Prinzessin Maria Anna mit Max III. Josef von Bayern und des Sächsischen Kurprinzen Friedrich Christian mit der bayerischen Prinzessin Marie Antonie. Mit dem Niedergang des Barock erlosch auch das Interesse am Zwinger. 1759 wurde im Zwingerhof Holz gelagert. Die prachtvollen Gebäude dienten Magazinzwecken. Der Siebenjährige Krieg beendete das Augusteische Zeitalter. 1760 beschossen die Preußen Dresden und beschädigten auch den Zwinger schwer. Die preußischen Besatzer verwendeten den Zwingerhof als Stapelplatz. Erst 1780 konnte mit dem Wiederaufbau begonnen werden.

Gottfried Semper war es vorbehalten, zwischen 1847 und 1854 den Zwinger mit der Gemäldegalerie abzuschließen. Die Sempergalerie im Stil der italienischen Renaissance fügte sich in das Ensemble ein, ohne dessen Gesamtwirkung zu stören. Nach vielen Jahren der Vernachlässigung hatte der Zwinger nun wieder seinen herausragenden Platz im historischen Dresden. Doch bald war er erneut großen Gefahren ausgesetzt. Beim Brand der Semperoper 1849 wurde der Wallpavillon weitgehend zerstört.

Manche der späteren Restaurierungen schadeten dem Zwinger erheblich. Mit Eisenklammern, Portlandzement oder Ölanstrich sollte dem Verfall der Sandsteinfiguren begegnet werden. Kurz vor dem Zweiten Weltkrieg erlebte der Zwinger unter der Leitung Hubert Ermischs eine umfassende Wiederherstellung. Im Februar 1945 wurde er bis auf die Grundmauern zerstört. Lediglich das Nymphenbad blieb weitgehend verschont. Unmittelbar nach Kriegsende wurden erste Maßnahmen zur Rettung des Zwingers ergriffen. Seine Wiederherstellung symbolisierte den Aufbauwillen. Viele Menschen beteiligten sich an der Zwingerlotterie. 1965 wurden die Bauarbeiten abgeschlossen. Dennoch ist der Zwinger seither immer wieder von umfangreichen Restaurierungsarbeiten betroffen. Die Sandsteinplastiken sind zunehmend vom Verfall bedroht.

Ohne den bildhauerischen Schmuck würde sich die Leichtigkeit und Eleganz der Zwingerarchitektur nicht einstellen. Pöppelmann fand im süddeutschen Bildhauer Balthasar Permoser (1651–1732) einen kongenialen Partner. Beider Namen sind untrennbar mit dem Zwinger verbunden. Sechshundert Figuren schmücken die Anlage. Kein Motiv wiederholt sich. Unten, im Zwingerhof, beherrschen gehörnte, lüsterne Faune und weinselige Satyre das Bild. Auf den Galerien stehen Schmuckvasen und possierliche Putten. Oben an den Pavillons finden wir die Helden und Götter. Der Wallpavillon

Linke Seite: Festlicher Abend im Zwingerhof

wird vom Herkules gekrönt, der die Weltkugel trägt. Das Nymphenbad mit den kunstvollen Wasserspielen und der reichen Figuration ist ein besonderer Glanzpunkt in der gesamten Zwingeranlage.

Der Zwinger ist ein Ort, den auch die Dresdner selbst immer wieder aufsuchen, um Schönheit und Harmonie, Festlichkeit und Glanz zu erleben.

Im Dresden des Barock war die Zwingerseite zur Elbe hin noch offen, das Opernhaus stand noch nicht. Gegen die Elbe wollte August der Starke ein neues, repräsentatives Schloss bauen lassen, wozu es nie gekommen ist. Als 1739 der Grundstein für die Katholische Hofkirche (Kathedrale) gelegt wurde, richteten die Bauleute und Künstler, die mit dem römischen Architekten Chiaveri über die Alpen gekommen waren, das sogenannte »Italienische Dörfchen« ein. Um 1850 schließlich, als Gottfried Semper daranging, den Theaterplatz zu gestalten, wurden die letzten Häuschen des »Italienischen Dörfchens« bis auf einen Gaststättenkomplex (Helbigs Restaurant) abgerissen. Semper gelang trotz verschiedener Einschränkungen und Hemmnisse eine großartige Platzgestaltung, allerdings erst im zweiten Anlauf. Sein berühmtes Opernhaus stand nur 28 Jahre, dann brannte es 1869 vollständig ab. Mit dem Neubau der zweiten Semperoper erhielt der Theaterplatz seine heutige Gestalt.

Gottfried Semper (1803–1879) wurde 1834 als Professor an die Akademie und zum Leiter der Bauschule berufen. Er war der bedeutendste deutsche Architekt seiner Zeit. Als Ideal galt für ihn der Stil der italienischen Renaissance. Seine epochale Bedeutung für Dresden zeigt sich sowohl in den noch existierenden Bauten als auch im Wirken seiner Schüler.

Zum 800-jährigen Jubiläum des Königshauses Wettin wurde das Reiterstandbild König Johanns auf die Mitte des Platzes gesetzt. Dieses Denkmal von Johannes Schilling zeigt den sächsischen König, der als Übersetzer von Dantes »Göttlicher Komödie« berühmt wurde.

Inzwischen war ein Neubau der Augustusbrücke notwendig geworden. Die alte Elbbrücke von Pöppelmann mit ihren 17 Pfeilern und 16 Bögen konnte den wachsenden Verkehr nicht mehr aufnehmen. Mit dem Neubau von 1907–1910 veränderte sich auch die gesamte Brückenkopfsituation. Wenn die Brücke mit ihren nunmehr nur noch neun Bögen in der Gesamtwirkung hinter ihrem Vorgängerbau zurückblieb, stellte sie dennoch eine geglückte Lösung in Verbindung mit dem Theaterplatz dar. Dem Stadtbaumeister Hans Erlwein war es vorbehalten, mit dem heutigen »Italienischen Dörfchen« den Abschluss des Theaterplatzes zur Elbe hin neu zu gestalten; er entwarf es mit großer Zurückhaltung. Die gesamte deutsche Architektenwelt nahm Anteil an der überfälligen Aufgabe, einen glücklichen Abschluss des Platzes zu schaffen. Das neue Gebäude durfte die Sichtachse von der Flussseite her nicht beeinträchtigen. Erlwein, der aus Süddeutschland stammende Architekt, hat in den zehn Jahren seines fruchtbaren Wirkens in Dresden weit mehr als einhundert Bauwerke errichtet. Diejenigen, die den Krieg überdauert haben, erfahren noch heute große Beachtung.

Am 13. und 14. Februar 1945 wurden die Innenräume des Residenzschlosses nahezu total zerstört. Bis weit in die Achtzigerjahre stand es als Ruine am Theaterplatz. Der Wiederaufbau und die Sanierung bestehender Teile dauerten bis in die unmittelbare Gegenwart. Der Museumskomplex beherbergt das Neue Grüne Gewölbe und das Historische Grüne Gewölbe, die Rüstkammer, die Türckische Cammer sowie Kupferstich- und Münzkabinett. Noch während des Wiederaufbaus fanden bereits große Kunstausstellungen in den rohbaufertigen Räumen statt, die beeindruckende Einblicke ins Schloss gewährten. Inzwischen ist auch der legendäre Riesensaal wieder hergestellt. »Niemals wieder sind Architektur, Plastik und Malerei in Dresden zu einer solchen Einheit verschmolzen wie in diesem Schlossbau« (Fritz Löffler). Nach einem verheerenden Brand 1701 prägte der Barockstil vor allem die Innengestaltung. Ende des 18. Jahrhunderts erfolgten umfassende Umbauten.

Der Zerstörung Dresdens fiel am Theaterplatz noch ein städtebaulich wichtiges Gebäude zum Opfer, das allerdings bis heute nicht wieder aufgebaut wurde: das berühmte Hotel Bellevue. Es brannte aus und wurde 1950 abgerissen. Fritz Löffler beklagt die »Verkennung der Notwendigkeit, auch hier einen Maßstab zu besitzen, an dem die Größe der monumentalen Bauten des Theaterplatzes erst sichtbar wird«.

Der Theaterplatz ist ein Ort, der sich auf vielfältige Art erleben lässt. Vielleicht am intensivsten, wenn wir nach einem Opernbesuch auf das Forum treten und die Festlichkeit der angestrahlten Bauwerke auf uns wirken lassen. Oder wir genießen den grandiosen Blick vom Hausmannsturm des Schlosses.

Die monumentalen Bauwerke dieses Platzes haben den Ruhm Dresdens weit in die Welt getragen. Jedes für sich ist ein Wunderwerk künstlerischer Schöpferkraft. Aber erst im Zusammenwirken als Ensemble entfalten sie ihren unbeschreiblichen Zauber.

Dresdner Zwinger, Theaterplatz mit Semperoper und einem Teil des Schlosses sowie der Kathedrale (Luftaufnahme)

Folgende Doppelseite:
Im Zwingerhof. Auf dem ursprünglichen Festplatz Augusts des Starken, ab 1709 von dem Architekten Daniel Pöppelmann und dem Bildhauer Balthasar Permoser errichtet, entstand das bedeutendste Bauwerk Dresdens.

Oben: Die Langgalerie mit dem Kronentor im Dresdner Zwinger

Unten: Der gesamte Zwinger ist überreich mit Figuren geschmückt.

Detail vom Kronentor des Zwingers: Zum plastischen Schmuck gehören Figuren, Vasen und Blumenranken.

Die Figur des Bacchus am äußeren Fuße des Kronentores

Das Nymphenbad im Zwinger gehört zu den schönsten barocken Wasserspielen und vermittelt eine überschäumende Lebensfreude. Obwohl mehrere Bildhauer an der Ausgestaltung beteiligt waren, wirkt die gesamte Anlage wie aus einem Guss.

Gottfried Semper schuf von 1847 bis 1854 mit dem Semperbau im Stil der italienischen Renaissance ein Gebäude, das die noch offene Seite des Zwingers zur Elbe hin abschloss. Nach innen musste es mit dem barocken Zwinger, nach außen mit der Semperoper harmonieren.

Im Semperbau befindet sich die Gemäldegalerie Alte Meister
mit der berühmten Sixtinischen Madonna Raffaels.

Der Theaterplatz mit der Semperoper wird gern mit Superlativen gepriesen: »Einer der schönsten Plätze Deutschlands, Europas, gar der Welt« (Stadtlexikon Dresden).

Links: Reiterstandbild König Johanns vom Bildhauer Johannes Schilling auf dem Theaterplatz

Rechts: Die Pantherquadriga mit Dionysos und Ariadne, gleichfalls von Johannes Schilling, bekrönt die Semperoper.

Links: Blick vom Zwinger auf die Semperoper mit der Quadriga

Rechts: Großartiges Zusammenspiel der Bildhauerarbeiten von Johannes Schilling mit der Frontseite der Semperoper

Die Semperoper von 1878 brannte 1945 völlig aus. Es gehört zu den Wundern der DDR-Zeit, dass sie in den Jahren von 1977 bis 1985 wiederaufgebaut werden konnte. Sie zählt zu den schönsten Opernhäusern der Welt.

In der Semperoper finden glanzvolle Opernaufführungen statt. Hier spielt die berühmte Dresdner Staatskapelle, auf unserem Bild in einer kleinen Besetzung unter ihrem Chefdirigenten Christian Thielemann.

Das heutige Georgentor entstand beim Schlossumbau von 1889 bis 1902 im Neorenaissancestil. Seinen Namen erhielt es nach dem weit oben angebrachten Reiterstandbild Herzog Georgs des Bärtigen. Imposante Gestalten halten rechts und links vom Durchgang Wacht.

Rechte Seite:
Blick aus der Semperoper auf den Theaterplatz mit dem ehemaligen Residenzschloss und der Kathedrale (früher Katholische Hofkirche)

Linke Seite:
Der Italiener Gaetano Chiaveri erbaute die ehemalige Katholische Hofkirche von 1739 bis 1755. Sie wurde durch den Übertritt des sächsischen Fürstenhauses zum Katholizismus erforderlich. Der Innenraum der dreischiffigen Basilika ist von beeindruckender Schlichtheit.

Zur herausragenden Ausstattung der Kirche gehört neben dem Altar mit dem Gemälde »Christi Himmelfahrt« von Anton Raphael Mengs auch die Kanzel von Balthasar Permoser.
Die Orgel ist das letzte Werk Gottfried Silbermanns. Sie konnte 1945 durch Auslagerung gerettet werden. In der Silbermann'schen Originalstimmung stellt sie heute eine musikalische Kostbarkeit dar.

Blick vom Hausmannsturm des Schlosses über die ehemalige Katholische Hofkirche. Das Mittelschiff und die Seitenschiffe werden von Balustraden abgeschlossen, auf denen Heiligenfiguren des italienischen Bildhauers Lorenzo Mattielli stehen.

Links: Die gotische Sophienkirche, eine der ältesten Kirchen Dresdens, hatte den 13. Februar 1945 schwer beschädigt überstanden. 1963 wurde sie trotz zahlreicher Proteste der Dresdner abgerissen.

Rechts: Mit dem Wiederaufbau der Busmannkapelle soll eine Gedenkstätte zur Erinnerung an die Sophienkirche, die Schrecken des Krieges, aber auch an den christlichen Widerstand entstehen. Die Kapelle aus dem 14. Jahrhundert war ein architektonisches Kleinod.

An der Außenwand des Langen Ganges vom Stallhof sind auf 25 000 Meißner Kacheln in Untergrundmalerei 35 Fürsten des Hauses Wettin in historischer Kleidung hoch zu Ross und begleitet von Fußvolk dargestellt. In der Mitte August II. (der Starke) und sein Sohn August III.

Der Stallhof: Ursprünglich für Wagen und Pferde des Hofes angelegt, wurde der prachtvolle Hofraum auch für Festlichkeiten genutzt.

Links: Blick von der Brühlschen Terrasse zum Georgentor, zum Hausmannsturm und zur Kathedrale

Rechts: Das einzigartige Portal der Dresdner Schlosskapelle, »die weitaus edelste Portalkomposition der ganzen deutschen Renaissance« (Wilhelm Lübke, Kunsthistoriker, 1884), hat eine wechselvolle Geschichte: im 18. Jahrhundert an die Sophienkirche versetzt, 1864 dort entfernt und im Großen Garten gelagert, 1876 am Jüdenhof aufgestellt. Nach aufwendiger Restaurierung steht es nun wieder am alten Standort im Großen Schlosshof.

Das Grüne Gewölbe ist eine der reichsten Schatzkammern Europas. 2004 wurden das Neue Grüne Gewölbe und 2006 das Historische Grüne Gewölbe im Schloss wiedereröffnet. Als Schatzkammer Augusts des Starken präsentiert Letzteres die unglaublichen Kunstwerke in barocker Inszenierung mit verspiegelten Wänden und auf vergoldeten Konsolen. Es ist ein Fest für die Augen.

Das Residenzschloss: Als Wohn- und Herrschersitz der sächsischen Landesfürsten wurde nach 1547 aus dem alten Schloss eines der prächtigsten Renaissanceschlösser Deutschlands geschaffen. »Niemals wieder sind Architektur, Plastik und Malerei in Dresden zu einer solchen Einheit verschmolzen wie in diesem Schlossbau.« (Fritz Löffler)

Noch Ende der 1980er-Jahre war das Schloss zu großen Teile Ruine. Nach der deutschen Wiedervereinigung wurde der Aufbau zügig vorangetrieben.

Rechts, Vergleichsbild zu oben: Heute ist das Dresdner Schloss weitgehend fertiggestellt. Nur im Großen Schlosshof und einigen Innenräumen wird noch gearbeitet.

Rechte Seite:
Inzwischen ist auch die Schloßstraße wieder bebaut.
An der Fassade des Schlosshotels befindet sich eine neu geschaffene Sandsteinfigur, die Daniel Pöppelmann darstellt.
Das Pöppelmann-Denkmal wurde 1936 zum 200. Todestag des Zwingerbaumeisters angebracht.

Eine elegante Freitreppe führt seit 1868 auf die Brühlsche Terrasse. Nur ganz früh am Morgen ist sie noch nicht von Besuchern bevölkert. Die in festlichem Barock gekleidete Gruppe verleiht der Freitreppe ein besonderes Flair.

Die Eckpunkte der Freitreppe sind mit allegorischen Figuren des Bildhauers Johannes Schilling geschmückt: oben links der Morgen, oben rechts der Mittag, unten links der Abend und unten rechts die Nacht. Ursprünglich in Sandstein ausgeführt, wurden sie 1908 durch Bronzeabgüsse ersetzt.

Folgende Doppelseite:
Die Brühlsche Terrasse war Teil der alten Festungsanlage Dresdens aus dem 16. Jahrhundert. Sie ist einer der markantesten Anziehungspunkte der Stadt. Auf dem »Balkon Europas« flanieren die Dresdner und ihre Gäste.

2

Erinnerung an Caspar David Friedrich (oben) und Ludwig-Richter-Denkmal (unten)

Im Brühlschen Garten: Blick aufs Albertinum (Galerie Neue Meister und Skulpturensammlung) und zur Frauenkirche

Gottfried-Semper-Denkmal (oben) und Ernst-Rietschel-Denkmal (unten)

Ruf aus Dresden – 13. Februar 1990

Am 13. Februar 1945 – wenige Wochen vor Ende des bereits entschiedenen Krieges – legten Luftangriffe auch die Dresdner Frauenkirche in Trümmer. Jahrzehntelang war diese Ruine Anklage und Mahnmal für alle friedliebenden Menschen. In der schweren Zeit politischer Bedrückung und weltweiter Hochrüstung haben junge Menschen immer wieder brennende Kerzen auf die Ruine gestellt. In gewaltlosem Protest wollten sie Hoffnungszeichen setzen für eine Zeit des Friedens, der Gerechtigkeit und der Bewahrung des Lebens.

Doch der weitere Verfall der Ruine ist nicht aufzuhalten. Ihre Sicherung und Erhaltung würde umfangreiche bauliche und finanzielle Anstrengungen erfordern. Wir wissen, dass unsere sächsische Landeskirche keine Mittel für einen Wiederaufbau der Frauenkirche zur Verfügung hat. Wir wissen, dass weder unsere Stadt noch unser Land diesen Aufbau finanzieren können.

Wir wissen, dass Kirchen der Bundesrepublik Deutschland den Aufbau vieler Gotteshäuser in unserem Lande ermöglicht haben.

Wir wissen auch, dass Neubauten und Erhaltung von Altbauten angesichts des Zerfalls vieler Gebäude notwendiger sind als der Aufbau der Frauenkirche.

Dennoch: Wir wollen uns nicht damit abfinden, dass dieses einmalige und großartige Bauwerk Ruine bleiben soll oder gar abgetragen wird. Wir rufen auf zu einer weltweiten Aktion des Wiederaufbaues der Dresdner Frauenkirche zu einem christlichen Weltfriedenszentrum im neuen Europa. In diesem Gotteshaus soll in Wort und Ton das Evangelium des Friedens verkündet, sollen Bilder des Friedens gezeigt, Friedensforschung und Friedenserziehung ermöglicht werden.

Damit würde der Weltkultur ein architektonisches Kunstwerk von einzigartiger Bedeutung wiedergeschenkt, das mit dem Namen des genialen Erbauers, George Bähr, aber auch mit dem Namen Gottfried Silbermann, Johann Sebastian Bach, Heinrich Schütz und Richard Wagner verbunden ist. Damit würde ein steinernes Zeugnis des christlichen Glaubens wieder erstehen; ein Gotteshaus, das sich die evangelische Bürgerschaft auf den Fundamenten der ältesten Kirche Dresdens errichtete. Damit würde eines der schönsten Städtebilder im Herzen Europas wieder seine beherrschende Krönung, die »Steinerne Glocke«, erhalten, ohne die der Wiederaufbau Dresdens Stückwerk bliebe.

Wir rufen auf zur Bildung einer internationalen Stiftung für den Wiederaufbau der Dresdner Frauenkirche, die in die Welterbeliste der UNESCO aufgenommen werden soll.

Wir wenden uns besonders an die Staaten, die den Zweiten Weltkrieg geführt haben. Es ist uns dabei schmerzlich bewusst, dass Deutschland diesen Krieg entfesselt hat. Dennoch: Wir wenden uns auch an die Siegermächte und die vielen Menschen guten Willens in den USA, in Großbritannien und in aller Welt: Ermöglicht dieses europäische »Haus des Friedens«! Wir wenden uns an die Dresdner in der Ferne: Dankt Eurer Heimatstadt durch ein Opfer zur Wiedererrichtung der Frauenkirche.

45 Jahre nach ihrer Zerstörung ist auch für uns die Zeit herangereift, die Frauenkirche als einen verpflichtenden Besitz der europäischen Kultur wiedererstehen zu lassen.

Darum rufen wir aus Dresden um Hilfe.

nd

Spenden aus

machten den Wiederaufbau zum »Wunder von Dresden«.

RIKSCHA
www.rikscha-dresden.de

Die Dresdner Frauenkirche: der »bedeutendste Barockbau nördlich der Alpen« (DIE UNION). Der Zentralbau George Bährs mit der hohen steinernen Kuppel war die größte protestantische Kirche in Deutschland. Nachdem die Frauenkirche die Bombardierung Dresdens überstanden hatte, sank sie am 15. Februar 1945 in sich zusammen. Mit der deutschen Einheit ergriff der Wille zum Wiederaufbau dieses einmaligen Gotteshauses viele Dresdner im In- und Ausland. Dank einer beispielhaften Initiative erstand die Frauenkirche in elfjähriger Bauzeit aus den Trümmern. Spenden aus aller Welt und der Gedanke der Versöhnung machten den Wiederaufbau zum »Wunder von Dresden«.

MAREDO
MAREDO
www.rikscha-dresden.de
RIKSCHA

Frauenkirche: Zwischen der Kuppel und einem Glockenturm leuchtet Fama, die Göttin des Ruhms, in der Sonne über der neuen Kuppel der Dresdner Kunstakademie auf.

Linke Seite:
2016 – Die Bebauung des Neumarktes ist fast abgeschlossen. Die Frauenkirche überragt und überstrahlt alles. Besucher und Dresdner tummeln sich auf dem Platz vor dem Gotteshaus.

Der Innenraum der Dresdner Frauenkirche findet im Chorraum seinen Höhepunkt. Hinter der Chorbrüstung mit der Kanzel im Zentrum ziehen der Altar und die Orgel in beeindruckender Einheit alle Blicke auf sich. Der gesamte Raum wirkt licht und weit, nicht zuletzt durch die frische Farbgebung.

Die Innenkuppel der Frauenkirche wölbt sich über dem Inneren des Gotteshauses und ist prächtig ausgemalt.
Der Blick in den Kirchenraum ist beeindruckend.

Der barocke Altar der Frauenkirche wurde vom Bildhauer Johann Christian Feige geschaffen. Beim Wiederaufbau konnte er mit vielen Tausend geretteten Einzelteilen wieder rekonstruiert werden.

Der Altar der Frauenkirche ist eine Predigt in Stein. Im Zentrum sehen wir den betenden Christus im Garten Gethsemane, während seine Jünger schlafen. Das ist die biblische Szene vor seiner Gefangennahme.

Die Rampische Straße (früher Gasse) war vor der Zerstörung 1945 die wohl bedeutendste Barockstraße Dresdens. Sie wurde halbseitig annähernd originalgetreu wiederaufgebaut. Der Blick über die große Baugrube auf der Südseite unterstreicht eindrucksvoll die Geschlossenheit dieser Prachtstraße.

Haus Rampische Straße 33: Der Kopfbau Rampische Straße/Salzgasse (barockes Wohnhaus von 1715 nach Entwürfen von Pöppelmann) gehörte zu den beliebtesten Motiven des alten Dresden. Er wurde originalgetreu rekonstruiert.

Der Neptunbrunnen im Garten des Marcolinipalais in der Friedrichstadt gehört zu den bedeutendsten barocken Brunnenanlagen Europas und zeigt die Brautwerbung Poseidons (in der römischen Mythologie Neptuns). Er entstand von 1741 bis 1746 unter der Leitung von Lorenzo Mattielli, wohl nach Zeichnungen von Zacharias Longuelune. Bei der jüngsten Restaurierung (2009–2013) stellte man den ursprünglichen Zustand wieder her: Poseidon reicht Amphitrite einen Lorbeerkranz. Darunter Nereide, Triton und Zephyr, der nun den Dreizack Poseidons hält.

ERINNERUNG AN DRESDNER BAROCK

Der erste Barockbau in Dresden war das Palais im Großen Garten; es wurde vom Oberlandbaumeister Johann Georg Starcke 1678-83 als Lustschloss für Festlichkeiten des Dresdner Hofes errichtet. Lange stand das prächtige Gebäude als Ruine, bis Ende 2001 die Restaurierung des Außenbaus schließlich abgeschlossen wurde. Es gibt intensive Bemühungen, das Gebäude für Konzerte zu nutzen. Die Gartenanlage wurde ursprünglich im streng geometrischen französischen Stil angelegt, später erweitert und teilweise in der aufgelockerten englischen Manier umgestaltet. Bemerkenswert ist der plastische Schmuck, von dem leider vieles verloren gegangen ist.

Dresdens Glanzzeit begann Ende des 17. Jahrhunderts mit dem Herrschaftsantritt des Kurfürsten Friedrich August I. im Jahr 1694, der als August II. seit 1697 auch König von Polen war. Als August der Starke ist er noch heute in der Stadt allgegenwärtig. Er erhob Dresden zu einem Ort von europäischem Rang. Prunkvolle Repräsentation und glanzvolle Feste sind untrennbar mit seinem Namen verbunden. Mit großem Kunstverständnis begabt, prägte er mit seinen ganz konkreten Vorstellungen die Entwicklung der Stadt. Etwa 30 von ihm selbst angefertigte Pläne und Skizzen existieren noch heute. August berief Architekten und Künstler von Rang nach Dresden. Wesentliche Bauten gehen auf ihn zurück. Maßgeblichen Einfluss nahm er beispielsweise auf den Bau der berühmten Frauenkirche. Dass er zum Katholizismus konvertiert war, spielte bei diesem Bau der protestantischen Bürger Dresdens keine Rolle.

Die unter August dem Starken erlassenen Bauordnungen hatten weitreichende Wirkung für die bauliche Entwicklung Dresdens. In breiten Straßen und Plätzen wurden die Anzahl der Geschosse vorgeschrieben, die Stockwerkshöhen sowie die Fassadengestaltung festgelegt; die Treppenhäuser mussten bis ins obere Stockwerk in Stein ausgeführt werden.

1685 war Altendresden (der älteste Teil der Stadt) auf der Neustädter Elbseite abgebrannt. Der Wiederaufbau schleppte sich über viele Jahre hin. August nutzte schließlich diese Situation und ließ das ganze Areal nach den Plänen Pöppelmanns völlig neu errichten. Es entstand ein Stadtteil von größter Geschlossenheit. Die Große Meißner Gasse wurde neben der Rampischen Gasse an der Frauenkirche die berühmteste Barockstraße der Stadt. Beide Straßen waren der Inbegriff des alten Dresden gewesen. Von alledem sind nur noch Reste geblieben, das meiste sank 1945 in Schutt und Asche. Die Ruinen der Meißner Gasse, die nach Meinung des Denkmalamtes wiederherstellbar gewesen wären, wurden 1950 gesprengt. Lediglich ein Gebäude blieb erhalten. Es ist in den Hotelkomplex »Bellevue« eingefügt worden. Benutzt man heute die Hauptverkehrsachse in Richtung Leipziger Vorstadt, so erinnert nichts mehr an die einstige Schönheit dieses Straßenzuges.

Auch von der prachtvollen Hauptstraße, die der Architekt Wolf Caspar von Klengel Ende des 17. Jahrhunderts als geniale Allee zwischen Albertplatz und Neustädter Markt konzipierte, blieben nur Reste erhalten. Zwischen 1971 und 1980 wurden diese rekonstruiert und neu bebaut. Im Kügelgenhaus, das heute das Museum der Dresdner Romantik beherbergt, war 1813 Goethe zu Gast und beobachtete den Einzug des russischen Zaren Alexander in Dresden.

Nach 1990 begann die Rekonstruktion der zwar herabgewirtschafteten, aber noch erhaltenen barocken Quartiere zwischen Rähnitzgasse und Königstraße. Damit ist ein kleiner Teil des barocken Dresden wiedererstanden.

Die Dreikönigskirche brannte 1945 ebenfalls aus und wurde 1984/90 neu aufgebaut. Zwischen 1990 und 1993 tagte hier der Sächsische Landtag. Als »Haus der Kirche« ist sie heute ein modernes Tagungs- und Veranstaltungszentrum. Der Turm ist seit 1993 wieder begehbar. Der Gestaltungswillen August des Starken wird am Beispiel der Dreikönigskirche besonders deutlich. Er ließ die unmittelbar nach dem Brand von 1685 neu errichtete Kirche 43 Jahre später abreißen und baute auf seine Kosten ein neues Gotteshaus; der ältere Bau stand nicht in der Flucht der Hauptstraße, und August strebte eine ideale Gesamtwirkung an. Fährt man heute auf der stark frequentierten Straße am Japanischen Palais vorbei, so fällt kaum mehr als der massige Baukörper auf. »Architektonischer

Mit dem Palais im Großen Garten begann die Ära des Barock in Dresden.
Heute präsentiert sich der prachtvolle Bau äußerlich wiederhergestellt.

Rechte Seite:
Das Taschenbergpalais (Mittelrisalit des Mittelbaues), das August der Starke für seine Mätresse Gräfin Cosel von Matthäus Daniel Pöppelmann bauen ließ

Höhepunkt, größter und künstlerisch am reichsten ausgestatteter Prachtbau, der im Zuge der Umgestaltung Altendresdens nach dem großen Brand entstanden ist …«, ist im Stadtlexikon zu lesen. Der noch heute viel gerühmte Spätbarockbau mit seiner wechselvollen Geschichte wurde ab 1952 wiederaufgebaut. Heute befindet sich darin das Völkerkundemuseum, und es wird für Sonderausstellungen der Dresdner Kunstsammlungen genutzt.

Die Besucher des ältesten Teiles von Dresden finden wiedererstandene Zeugnisse der barocken Stadt. Setzen sie diese in Beziehung zu den großen Bauten der Altstadt, wie Zwinger, ehemalige Katholische Hofkirche oder zur Frauenkirche, so können sie sich vielleicht eine vage Vorstellung davon machen, woher der große Ruhm der barocken Residenzstadt rührte. Doch mehr als eine Erinnerung an glanzvolle Zeiten können die wenigen Bauwerke nicht sein.

Die Marmorgruppe »Boreas entführt Oreithya« (1722 von Pietro Balestra), besser bekannt unter dem Titel »Die Zeit raubt die Schönheit«, ist eine der vielen Freifiguren im Großen Garten.

Rechte Seite:
Der Große Garten ist die größte Parkanlage Dresdens. Drei Längsalleen und eine Querallee durchziehen das zwei Quadratkilometer große Areal. Im Zentrum steht das Palais, das für Konzerte und Ausstellungen genutzt wird.

Oben: Die Fassaden, Hauseingänge und Durchgänge der wiederhergestellten Häuser im Barockviertel sind allesamt wunderbar gestaltet und besitzen einen hohen Schauwert.

Rechte Seite, oben: Relief am Portal des sogenannten Köhlerschen Hauses, heute Heinrich-Schütz-Residenz am Neumarkt. Die Janusgestalt stellt das Frühjahr (junge Frau) und den Herbst (alter Mann) dar. Putten arbeiten im Weinberg.

Rechte Seite, unten: Der restaurierte Thomae-Pavillon im Barockgarten am Societätstheater, flankiert von zwei barocken Hauseingängen

14

Das Japanische Palais auf dem Neustädter Elbufer beherrscht gravitätisch den Palaisplatz.
Von der Altstädter Seite her gesehen, sollte es bei den Planungen Augusts des Starken für einen sächsischen Canal Grande eine wichtige Rolle spielen.

Das Giebelrelief des Japanischen Palais zeigt Chinesen und Sachsen bei der Huldigung für August den Starken.
Sie überbringen ihm Porzellangefäße.

BLICKE ÜBER DIE STADT

Es ist anregend, wenn man Städte von oben betrachtet. Ihre Topografie erschließt sich vom erhöhten Standort viel deutlicher als aus dem Gewirr der Straßen und Gassen. Das gilt auch für Dresden. Vom steilen Elbhang oder von den Südhöhen, die sich hinauf zum Erzgebirge ziehen, bieten sich wunderbare Ausblicke. Da ist der Blick von der Bergstation der altehrwürdigen Schwebebahn hinunter zum Blauen Wunder, einem Wahrzeichen Dresdens. Drüben auf dem Südhang jenseits der Elbe sind es die Höhen von Luga bis nach Zschertnitz oder weiter nach Gorbitz, die ein beeindruckendes Panorama zeigen.

Das Lutherdenkmal von der Kuppel der Frauenkirche aus

Linke Seite: Blick von der Bergstation der Schwebebahn zum Blauen Wunder

Die Türme Dresdens lohnen allesamt die Mühe einer Besteigung. Einigen dieser exponierten Aussichtspunkte wäre etwas mehr Publizität zu wünschen. Wer zum ersten Mal auf dem Ernemannturm in Striesen steht, der an Dresdens Fotoindustrie erinnert, bekommt wahrlich eine wunderbare Übersicht über einen der einstigen Vororte Dresdens, die durch ihre offene Bebauung so typisch für die Stadt sind.

Natürlich haben die Türme im Zentrum Dresdens ihr besonderes Flair. Da konkurriert der niedrigere Turm der Kreuzkirche mit dem wuchtigeren des Rathauses, der in anmaßendem Bürgerstolz mit 98 Metern Höhe alles in der Stadt überragt. Vom Rathausturm ist es nicht weit bis zum Hausmannsturm des Dresdner Residenzschlosses. Nirgendwo lässt sich der wunderbare Theaterplatz besser überblicken. Von hier ist auch sehr gut zu erkennen, wie harmonisch sich der Monumentalbau der Semperoper ins Ensemble mit seinen Nachbarbauten einfügt. Der berühmte Turm der Katholischen Hofkirche (Kathedrale) ist vom Hausmannsturm zum Greifen nahe. Die überlebensgroßen Figuren, die die Balustraden des Gotteshauses schmücken, haben vom Schlossturm aus eine überzeugende Wirkung. Monumental wirkt von hier auch der Erweinspeicher. Einst als riesiges Lagergebäude erbaut, ist er heute ein Hotel. Das Ensemble mit modernen Glasbauten bietet einen interessanten Kontrast zu den historischen Bauten.

Von der Neustädter Elbseite grüßt der Turm der Dreikönigskirche herüber. Höhepunkte des Panoramas sind Schloss, Kathedrale und Frauenkirche. Auch der Blick direkt hinunter in die jüngst wiederauferstandenen Barockquartiere mit ihrer interessanten Dachlandschaft ist den Aufstieg wert.

Im Norden der Stadt steht die ehemalige Garnisonkirche St. Martin. Die Aussicht vom hohen Kirchturm ist ungewöhnlich und dürfte wohl auch vielen Einheimischen nicht bekannt sein. Der Reiz besteht auch im Kontrast des Häusermeeres der Neustadt zum weiten Stadtpanorama.

Im Westen Dresdens steht die Briesnitzer Kirche, erhöht und mit sicherem Abstand zur Elbe. Hier sieht man, wie die Elbe in großem Bogen die Stadt verlässt. Gegenüber liegen die Radebeuler Weinberge. Bei guter Sicht erkennt man die Türme des Meißner Domes – ein prachtvoller Aussichtspunkt.

Alle genannten Türme werden aber von der Kuppel der Frauenkirche übertroffen. Hier ist schon der Aufstieg das besondere Erlebnis. Der Blick ist umfassend. Unter uns liegen die berühmten historischen Gebäude. Am Horizont erkennt man die Höhen vom Erzgebirge bis zu den Radebeuler Elbhängen, ganz im Osten liegen die Tafelberge der Sächsischen Schweiz.

Oben:
Panorama vom Turm der Kirche St. Martin (ehemalige Garnisonkirche)

Unten links:
Der teils neoromanische, teils neogotische Kirchenbau entstand von 1895 bis 1900 als Simultankirche für die in der Albertstadt stationierten Soldaten.

Unten rechts:
Blick in das reich dekorierte Gewölbe des Mittelschiffes

Unten links:
Blick von der Garnisonkirche auf die Neustadt (Görlitzer Straße)

Unten rechts:
Blick in die Rothenburger und Görlitzer Straße

Vom Turm der Kreuzkirche aus betrachtet, scheint die Kuppel der Frauenkirche über den Dächern der Stadt zu schweben.

Blick von der Frauenkirche über den Neumarkt zum Rathausturm und zur Kreuzkirche.
Rechts der Altmarkt, am Horizont der Windberg bei Freital

Von keinem anderen Aussichtsturm der Innenstadt ist der Ausblick umfassender als von der Kuppel der Frauenkirche. In der Bildmitte das Residenzschloss und die Kathedrale (Katholische Hofkirche). Rechts die Augustusbrücke, in der Ferne sind die Radebeuler Weinberghänge zu erkennen.

Rechte Seite:
Fama, die Göttin des Ruhmes, krönt die Kuppel der Kunstakademie, gesehen von der Frauenkirche aus.

Der Ernemannturm der Technischen Sammlungen bietet einen weiten Blick über den Dresdner Osten.
Am fernen Elbhang erkennen wir die drei Elbschlösser. Der Vordergrund zeigt einen Teil von Striesen.

Der Blick vom Ernemannturm nach Nordosten: im Vordergrund die Versöhnungskirche.
Links davon liegen Oberloschwitz mit der Schwebebahn und rechts der Fernsehturm.

Auf dem Briesnitzer Kirchturm: Blicken wir nach Norden, sehen wir hinter der Autobahnbrücke das alte,
aber längst eingemeindete Dorf Kaditz. Dahinter erheben sich die Radebeuler Weinberge.
Wir erkennen die Spitzhaustreppe, daneben den Bismarckturm und das Spitzhaus.

Der Turm der Briesnitzer Kirche am westlichen Rand von Dresden bietet ungewöhnliche Perspektiven.
Unter uns verlässt die Elbe Dresden in weitem Bogen, die Stadt scheint sich schon in der Ferne zu verlieren. Der Blick geht weiter, über die Stadt hinweg. Ganz in der Ferne erkennen wir bei guter Sicht die Tafelberge der Sächsischen Schweiz.

Börse in
Trägt zum Wochenende bei.

STREIFZÜGE BEIDERSEITS DER ELBE

Dresdens Ruhm gründete sich einst auf die glanzvolle Zeit des Barock. Es ist jedoch nicht zu übersehen, dass im heutigen Dresden der Barock keine dominierende Rolle mehr spielt. Die Stadt hat sich weiterentwickelt. Zwischen 1809 und 1830 erfolgte der Abbruch der Festungsanlagen. Damit begann Dresden sich stark zu verändern. Nach 1850 breitete sich die Stadt rasant aus. Im Zeitalter der Industrialisierung kamen von hier wichtige Impulse: Die erste deutsche Eisenbahnfernlinie wurde zwischen Leipzig und Dresden angelegt, bald folgten weitere Linien. Der geniale Techniker Johann Andreas Schubert (1808–1870) war in der Maschinenbauanstalt Übigau maßgeblich am Bau des ersten Elbdampfers »Königin Maria« beteiligt und schuf dort 1839 mit der »Saxonia« die erste in Deutschland hergestellte Lokomotive.

Kreuzung Rothenburger/Bautzner Straße

Linke Seite:
In der Königsbrücker Straße stehen repräsentative Wohn- und Geschäftshäuser der Gründerzeit.

Die Dresdner Bauordnung verschonte die historische Altstadt vor Industrie. Diese wurde westlich der Altstadt, entlang der Eisenbahnlinie und an den Ufern der Elbe, angesiedelt. Auch im Tal der Weißeritz entstanden viele Industriebetriebe.

An der Schwelle zum 20. Jahrhundert expandierte Dresden noch einmal außerordentlich.

Zuerst wurden Striesen und Strehlen eingemeindet, Pieschen, Trachenberge und Wilder Mann folgten. In der ersten Dekade des 20. Jahrhunderts kamen eine ganze Reihe weiterer Ortschaften hinzu, nicht immer freiwillig. Während Dresden im Jahr 1900 noch 396 146 Einwohner zählte, waren es 1910 schon 548 308 (heute ist die Zahl leicht überschritten). Die wirtschaftliche Entwicklung machte sich auch in einer vielgestaltigen Blüte der Kultur der Stadt bemerkbar. Dresden erlebte große Ausstellungen mit internationaler Beachtung. So führte die 3. Kunstgewerbeausstellung 1906 schließlich zur Gründung der Gartenstadt Hellerau (mit den Deutschen Werkstätten Hellerau). Obwohl der deutsche Jugendstil Impulse aus Dresden erhielt, so ist er doch weniger vertreten, als es auf den ersten Blick scheint. In einigen Stadtteilen sind wunderbare Jugendstilvillen wiederhergestellt worden. Sie künden vom einstigen Reichtum der Stadt und besitzen eine gewisse Nähe zum Barock.

Von den reichen Villenvierteln, die stark von Sempers Klassizismus beeinflusst waren, sind heute nur noch Reste erhalten. Mit dem Durchbruch neuer Straßenverbindungen Ende des 19. Jahrhunderts wurden neue Achsen geschaffen, an denen entlang sich die Stadt ausdehnte. Es entstanden die bald berühmte Prager Straße in Richtung Hauptbahnhof, die Wettiner Straße nach Westen, die Grunaer Straße nach Osten, mit dem Durchbruch zum Pirnaischen Platz. Dabei wuchsen die Straßenfluchten von der Altstadt in geschlossener Bebauung repräsentativ und durchaus nicht eintönig hinaus in die Vororte. Dort bestimmte die offene Bebauung, wie sie noch heute vielerorts zu sehen ist, das Bild. Die Stilvielfalt der Gründerzeitarchitektur gab den Stadtteilen ihr unverwechselbares Aussehen.

Ein Architekt und Stadtbaumeister hat, wie wenige vor ihm, Dresden nachhaltig geprägt: Hans Erlwein (1872–1914). Mit der ihm eigenen Zweckmäßigkeit und Klarheit schuf der Süddeutsche weit über einhundert bedeutsame Bauwerke. Nicht nur der ehemalige

Dieses prachtvolle Neorenaissancehaus an der Leipziger/Weimarischen Straße kündet von Bürgerstolz und Repräsentationsbewusstsein.

Schlachthof im Ostragehege belegt überzeugend, dass sogar ein Industriekomplex ein ästhetisches Bauwerk sein kann. Auch seine Schulbauten beeindrucken noch heute.

Die Zerstörung des historischen Dresden war eine scharfe Zäsur. Bis heute hat sich die Stadt noch nicht restlos davon erholt. Vielfach ist auch die Meinung zu hören, Dresden sei in den vierzig Jahren der DDR-Herrschaft ein zweites Mal zerstört worden. Das ist freilich zu plakativ, doch es fällt schwer, sich mit Satellitensiedlungen wie Gorbitz oder Prohlis anzufreunden. Und auch an die unnatürliche Weiträumigkeit am Pirnaischen Platz kann man sich nicht gewöhnen. Dresden hatte die einmalige Chance eines Neuanfangs nach der Deutschen Einheit. Allein die Anzahl der Kräne, die sich in den Neunzigerjahren in Dresden drehten, war beeindruckend. Vielerorts schälten sich die alten Bauten aus dem Einheitsgrau der vergangenen Zeit heraus. Überall sieht der aufmerksame Spaziergänger, wie sich neues Leben entwickelt, in geradezu unglaublicher Vielfalt. Ein besonderes Flair geht von der Dresdner Neustadt aus. In der Äußeren Neustadt wurden die Häuser zum Teil nicht nur saniert,

Eine andere Perspektive: Der interessante Gebäudekomplex zwischen Leipziger und Weimarischer Straße, vom Ballon aus aufgenommen.

sondern dort wurden mit viel Kreativität Innenhöfe, Fassaden und Läden gestaltet. Die Unverwechselbarkeit und Vielfalt der Neustadt spiegelt sich in den zahlreichen Kneipen und Clubs, Läden, Galerien und Büros wider. Hier lebt man dichter zusammen als sonst in Dresden. Hier will man selbst gestalten, kreativ und tolerant, multikulturell im besten Sinn. Das so entstandene Lebensgefühl ist inzwischen sprichwörtlich geworden und zieht die Dresdner und ihre Gäste an, vor allem beim jährlich veranstalteten Fest »Bunte Republik Neustadt«. Zum Ende der DDR wurde hier 1990 eine neue Republik ausgerufen – mit eigenem Geld, König und Friedensminister; seither feiert die Neustadt jeden Sommer drei Tage lang. Auch die Bewohner des Dresdner Elbhanges zwischen Pillnitz und Körnerplatz stehen den Neustädtern an Kreativität nicht nach. Ihr jährliches Elbhangfest ist längst ein bedeutender kultureller Anziehungspunkt für die Dresdner und ihre Gäste.

Nicht zuletzt zieht die jährliche Dresdner Schlössernacht mit grandiosem Feuerwerkspektakel Tausende an. Auch die Elbwiesen sind dann von Schaulustigen dicht bevölkert.

Kaditz zählt zu den ältesten Siedlungen in der Elbtalaue. Die Emmauskirche wurde bereits 1273 urkundlich erwähnt.

Neben der Emmauskirche steht der älteste Baum Dresdens, eine rund tausendjährige Sommerlinde. Nimmt man unter ihrem weit ausladenden Blätterdach Platz, dann scheint man in eine andere Zeit einzutauchen.

Schrifttafeln am Pfarrhaus in Altkaditz

Der alte Dorfkern von Kaditz hat sich wunderbar erhalten.
Mehrere schmale Giebelhäuser prägen das harmonische Ortsbild.

Wer in Dresden Jugendstilbauten sucht, wird nicht nur auf der Krenkel-, Reinick- oder Bundschuhstraße, auf der Goetheallee oder in Strehlen (unsere Auswahl) wunderschöne Beispiele finden, sondern verstreut im gesamten Stadtgebiet.

Die Jugendstilornamentik fußt auf intensivem Naturstudium und demonstriert zugleich hohe Handwerkskunst.
Fantasie und Formenreichtum scheinen unerschöpflich zu sein.

Hans Erlwein, Architekt und Stadtbaurat in Dresden, leitete rund 130 Bauprojekte, die das Stadtbild maßgeblich prägten.
Dazu gehört auch der ehemalige Schlachthof, der 1906 bis 1910 auf einer aufgeschütteten hochwasserfreien Elbinsel gebaut wurde.
Er war damals Deutschlands größte und modernste Schlachtanlage. Heute sind viele Gebäude saniert und umgewidmet.
Nur das Wahrzeichen des alten Schlachthofes, der Turm, wartet noch auf seine Sanierung.

Rechte Seite:
Der Erlweinspeicher an der Packhofstraße, 1913/14 als großes Lagerhaus erbaut, ist ebenfalls ein bedeutender
Zweckbau von Hans Erlwein. Nach mehreren Jahren Leerstand wurde das Gebäude zum Hotel umgebaut.
Der interessante Komplex setzt im Stadtbild einen markanten Akzent.

Wie sich der als reiner Zweckbau errichtete Erlweinspeicher in einem modernen Bauensemble behauptet, lässt sich vom Hausmannsturm des Dredner Schlosses gut beurteilen. Im Verein mit dem Sächsischen Landtag und dem Kongresszentrum ergibt sich ein ausgewogenes Bild.

Die »Orientalische Tabak- und Cigarettenfabrik Yenidze« war das erste vollständig in Stahlbetonbauweise (1907/09) errichtete Industriegebäude Europas. Der damals überaus umstrittene Bau führte zum Ausschluss des Architekten Martin Hammitzsch aus einem Berufsverband. Heute ist die Kuppel das Domizil des Theaters »1001 Märchen«.

Die Unverwechselbarkeit und Vielfalt der Neustadt spiegelt sich in den Kneipen und Clubs, Läden, Galerien und Büros wider.

Zu den besonderen Ecken der Äußeren Neustadt gehört die Kunstpassage zwischen Alaun- und Görlitzer Straße. In beeindruckender Kreativität wurden Innenhöfe, Fassaden und Läden gestaltet. Hier verbinden sich Lebensstil und Lebensform zu einem charakteristischen Ganzen.

Mit dem Bau der Brücke Blaues Wunder (1891–1893) entstanden auch die beiden Plätze dies- und jenseits der Brücke. Während der Schillerplatz (oben) mehr städtischen Charakter hat, öffnet sich der Körnerplatz (rechte Seite) schon zum Land hin. Beide gehören zusammen und sind sehr lebendige Plätze im Osten Dresdens.

Der Körnerplatz ist eines der »Einfallstore« der Stadt, mit dem Nadelöhr Blaues Wunder.
Entsprechend hoch ist die Verkehrsbelastung.

Das Fachwerkhaus »Rote Amsel« (Leonhardi-Museum) in der Grundstraße setzt einen ungewöhnlichen Akzent in der Nähe des Körnerplatzes.

Die kleinen Fachwerkhäuschen in der Wieckstraße stehen mit ihrem dörflichen und anheimelnden Charakter in krassem Gegensatz zum lauten Körnerplatz.

Nicht nur für Technikbegeisterte interessant: Die Anlage der 1901 in Betrieb genommenen Schwebebahn.

Die Fahrt mit der Schwebebahn vom Körnerplatz nach Oberloschwitz ist etwas ganz Besonderes.

Der Elbhang verleiht Dresden ein südliches Flair. Der Weiße Hirsch ist einer der exklusivsten Stadtteile Dresdens. Der preisgekrönte Roman »Der Turm« von Uwe Tellkamp setzte ihm ein literarisches Denkmal. Das Forschungsinstitut Manfred von Ardenne mit der Sternwarte und die Aussichtsgaststätte Luisenhof (seit 2016 geschlossen) sind von weit her zu erkennen.

Die 280 Meter lange Brücke wurde von 1891 bis 1893 durch die Ingenieure Claus Koepcke und Hans Manfred Krüger errichtet.
Sie verbindet Blasewitz mit Loschwitz und ist eines der Wahrzeichen Dresdens. Wegen des Farbanstriches wird sie seit jeher »Blaues Wunder« genannt.
Bis 1985 fuhren Straßenbahnen über die Brücke, die durch den stark angestiegenen Verkehr außerordentlich belastet ist.
In den nächsten Jahren steht eine umfangreiche Sanierung an.

Die drei Elbschlösser prägen den Elbhang zwischen Loschwitz und dem Waldschlösschenareal.
Alle drei wurden Mitte des 19. Jahrhunderts gebaut und sind in großzügige Parkanlagen eingebettet.

Rechte Seite:
Alljährlich zur sommerlichen Schlössernacht findet ein Feuerwerk statt. Schloss Albrechtsberg bietet die fantastische Kulisse für das Spektakel, das Hunderte Dresdner auf die Elbwiesen lockt.

Oben:
Schloss Albrechtsberg wurde 1850-54 für den preußischen Prinzen Albrecht nach dem Vorbild der florentinischen Villa Medici erbaut.

Linke Seite, unten links:
Die Villa Stockhausen wurde 1850-52 für den Kammerherrn des preußischen Prinzen errichtet. Später erwarb es Karl August Lingner, der Erfinder des Mundwassers Odol, und stiftete es 1916 der Stadt.

Linke Seite, unten rechts:
Schloss Eckberg entstand 1859-61 im neugotischen Stil und ist heute ein Hotel.

Auf der Terrasse von Schloss Eckberg steht die Figur des Sonnenanbeters aus der Hand des Jugendstilkünstlers Sascha Schneider.

Fassadengestaltung der Gründerzeit im Vergleich mit Plattenbauten der 1980er-Jahre

ZWISCHEN GESTERN UND HEUTE

Dresdens Gesicht hat sich in den letzten 150 Jahren stark gewandelt. Der konservative Residenzsitz entwickelte sich zur modernen Großstadt. Beträchtliche Veränderungen prägten die Stadt, jede Epoche hat ihre Leitbauten ins Stadtbild eingefügt (oder auch gezwängt). So wurden vor rund einhundert Jahren die beiden Palais Brühl und Fürstenberg abgerissen, damit von 1901 bis 1907 an der Brühlschen Terrasse das Ständehaus gebaut werden konnte.

Im Jahr 1814 legte man die große Freitreppe an, die den Schlossplatz mit der Terrasse verbindet. Die einstigen Bauten des legendären Grafen Brühl mussten der heutigen Bebauung weichen, wobei die massige Kunstakademie (1890/94) alles überragt. Die Gaststätte »Sekundogenitur« (1897) und das Ständehaus schließen sich an. Paul Wallot, der Architekt des Berliner Reichstages, fügte diesen Bau in vornehmer Zurückhaltung in die Dresdner Elbfront ein. Wenn auch der Turm des heutigen Oberlandesgerichtes für sich allein etwas plump wirkt, so unterstreicht er doch die Großartigkeit des Turmes der ehemaligen Katholischen Hofkirche umso mehr.

Auch die bewegte Geschichte der Kreuzkirche spiegelt vielfältige Veränderungen wider: Fünfmal (1491, 1669, 1760, 1897 und 1945) zerstörten Brände das Gotteshaus. Nachdem die Kreuzkirche im Zweiten Weltkrieg ausgebrannt war, wurde der monumentale Raum beim Wiederaufbau unter Beibehaltung der architektonischen Hallenform mit einem schlichten Rauputz versehen. Der dadurch entstandene Gesamteindruck ist streng und asketisch, die Ausstattung äußerst sparsam. Doch das Altargemälde überstand die Zerstörung, und die barocke äußere Form der Kirche wurde beibehalten. Eine besondere Rolle spielt in der Kreuzkirche die Musik: Die Jehmlich-Orgel von 1963 band hervorragende Künstler wie Herbert Collum, Michael-Christfried Winkler oder heute Holger Gehring als Organisten an die Kreuzkirche, und der Kreuzchor ist weltberühmt. 2016 feierte er sein 800-jähriges Bestehen.

Historisches trifft auf Modernes.
Hier ein Durchblick zwischen Zwinger und Taschenbergpalais zum Atlantariegel am Postplatz.

Die Glaskuppel der Kunstakademie, im Volksmund liebevoll »Zitronenpresse« genannt, trägt erst seit wenigen Jahren wieder die vergoldete Figur der Fama, der Göttin des Ruhms. Die Glaskuppel musste nach der Zerstörung der Frauenkirche als Ersatz für die berühmte Dresdner Silhouette herhalten. Heute wölbt sich die »Steinerne Glocke« wieder über der Stadt. Auch wenn Fritz Löffler das Nebeneinander von Kunstakademie und Frauenkirche als »dauerndes Ärgernis« voraussah, betrachten wir das heute bei aller Gegensätzlichkeit doch versöhnlicher. Für das neue Rathaus hingegen musste ein beachtliches Areal historischer Bauten im Zentrum der Altstadt weichen. Diese Eingriffe in die gewachsene Stadt führten oft zu scharfen Kontrasten. An manche gewöhnte man sich schnell, andere wirken unvereinbar über die Zeiten hinaus. Alles hat die Dresdner Bevölkerung immer mit großer Anteilnahme begleitet. So ist es bis heute. Vergleicht man die lebhaft gegliederten Fassaden der Gründerzeithäuser mit den sozialistischen Plattenbauten, kann das seinerzeitige Argument, erst gelte es, die Wohnungsnot zu beheben, bis heute nicht überzeugen.

Immerhin blieb Dresden aus Geldmangel ein stalinistischer »Kulturpalast« in Form eines gewaltigen Turmhauses erspart. An den Kulturpalast haben sich die Dresdner mehr oder weniger gewöhnt. Sein derzeitiger (innerer) Umbau zu einem modernen Konzerthaus

Der Dresdner Hauptbahnhof mit seiner interessanten Dachgestaltung

hat viele Kontroversen ausgelöst. Endlich wird auch die Hauptstadt Sachsens einen repräsentativen großen Konzertsaal erhalten.

Mit der deutschen Einheit begann auch in Dresden eine immense Bautätigkeit. Viele wunderbare Altbauten in der ganzen Stadt wurden vor dem Verfall bewahrt. Neubauten schienen geradezu aus dem Boden zu sprießen, manche zurückhaltend, manche schrill.

In einer Stadt, wo sich der landschaftliche mit dem bebauten Raum seit Jahrhunderten im wechselseitigen Dialog entwickelt hat, wo die augusteische Prägung solch markante Spuren hinterlassen hat wie in Dresden, da neigen die Bürger beinahe naturgemäß zu einem gewissen Konservatismus. Sie leben vom und mit dem Mythos ihrer Stadt.

Zu scharfe Kontraste im Stadtbild werden nur schwer akzeptiert. An die »Gläserne Manufaktur« oder das »World Trade Center« mit seinem 53 Meter hohen verglasten Rundturm als Stadtzeichen des ausgehenden 20. Jahrhunderts hat man sich inzwischen gewöhnt.

Einige einst zentrale Plätze konnte man jüngst wieder ins urbane Leben einbinden. Das Areal zwischen dem Rundkino und dem zwischen 1973 und 1978 als »Centrum-Warenhaus« errichteten Gebäude an der Prager Straße wurde zum Beispiel modern und großzügig bebaut. Hier ist am pulsierenden Leben zu spüren, dass sich Dresden aus der jahrzehntelangen Erstarrung gelöst hat. Auch die vor Kurzem entstandene Architektur am Fetscherplatz oder der moderne Komplex an der Leipziger Straße in Pieschen bringen neues Leben in die Stadtteile außerhalb des Zentrums.

Besondere Kontraste im Bild der Stadt werden durch Einzelbauten wie das katholische »St.-Benno-Gymnasium« gesetzt, inzwischen eines der interessantesten Schulgebäude Dresdens. Noch markanter ist die 2001 eröffnete Neue Synagoge an der Nahtstelle zur historischen Altstadt. Der ungewöhnliche Bau erinnert mahnend an ein düsteres Kapitel deutscher Geschichte. Er fügt sich mit der katholischen Kathedrale und der wiedererstandenen evangelischen Frauenkirche in einen unüberhörbaren Dreiklang von Versöhnung und Hoffnung ein.

Zu den jüngsten aufsehenerregenden Bauten gehört das Militärhistorische Museum, das der US-amerikanische Architekt Daniel Libeskind gebaut hat. In den strengen klassizistischen Altbau hat er einen Keil aus Stahl und Glas getrieben. Der sanierte Dresdner Hauptbahnhof erhielt 2007 ein neues Membrandach, das der englische Architekt Sir Norman Foster entworfen hat.

Nach Gottfried Sempers Entwurf entstand
der neugotische Cholerabrunnen.

Blick in das Kirchenschiff der Kreuzkirche. Die einst reiche Innenausstattung ging 1945 durch die Zerstörung verloren. Der heute schlichte Kirchenraum wirkt ernst und lädt zur Besinnung ein. Hier ist der Dresdner Kreuzchor zu Hause, der 2016 sein 800-jähriges Jubiläum feierte.

Das Altargemälde »Kreuzigung Christi« von Anton Dietrich hat die Zerstörung von 1945 überdauert und ist mit Brandspuren erhalten geblieben.

Vor der Kreuzkirche erinnert ein wiederaufgebautes Denkmal an den 22. Kreuzkantor Ernst Julius Otto. Der figürliche Schmuck war 1942 zu Rüstungszwecken eingeschmolzen worden. Ein moderner Kruzianer vermittelt zwischen Gestern und Heute.

1963 erhielt die Kreuzkirche die große Jehmlich-Orgel. Mit 80 Registern ist sie die größte Orgel Dresdens. Die hier stattfindenden Konzerte gehören seit jeher zu den besonderen Musikereignissen Dresdens.

Das katholische St. Benno-Gymnasium musste 1939 geschlossen werden.
Seine Wiedergründung machte einen Neubau notwendig, den Günter und Stefan Behnisch 1995/96 realisierten.

Linke Seite, oben:
Die Neue Synagoge wurde im Jahr 2001 eingeweiht. Sie steht in der Nähe des Vorgängerbaus,
der in der Pogromnacht 1938 zerstört worden ist.

Linke Seite, unten links:
Der Davidstern am Eingang der Neuen Synagoge wurde 1938 von einem
Dresdner Feuerwehrmann gerettet und heimlich aufbewahrt.

Linke Seite, unten rechts:
Der Alte Jüdische Friedhof an der Prießnitzstraße wurde von 1771 bis 1869 genutzt.
Seit Jahrhunderten hatte es Juden in Dresden gegeben, Anfang 1933 waren es etwa 6000, im Mai 1945 nur noch zwölf.

Links: Mit dem Kristallpalast von Coop Himmelb(l)au entstand 1997 ein ungewöhnlicher Kinobau mit insgesamt 2700 Plätzen.

Rechts: Das ehemalige Centrum-Warenhaus (rechts) wurde zwischen 1973 und 1978 gebaut.
Damals galt es als das modernste und attraktivste Kaufhaus der DDR.

Lange hat man um den Abriss des ehemaligen Centrum-Warenhauses gestritten, bis es schließlich 2007 so weit war …

Ein Teil der silberfarbenen Aluminiumwaben wurde bei der neuen Centrum-Galerie wieder verwendet.

Die Waldschlößchenbrücke, wegen der längst überfälligen Elbüberquerung einer der größten Streitpunkte der letzten Jahre in Dresden.

CHRONIK

1996	Beschluss des Stadtrates zum Bau der Elbbrücke
2000	Erster Spatenstich im November
2005	Bürgerentscheid zur Waldschlößchenbrücke, Zustimmung 67,9 %
	Der Stadtrat stimmt gegen den Baubeginn.
	Das Regierungspräsidium ordnet den Baubeginn an.
2007	Das Oberverwaltungsgericht Bautzen gibt grünes Licht für die Vergabe der Bauaufträge.
(2007)	Die Beschwerde der Stadt gegen den Beschluss des Oberverwaltungsgerichtes scheitert sowohl vor dem Landes- als auch vor dem Bundesverfassungsgericht.
	Vergabe der ersten Bauaufträge
	Das Verwaltungsgericht Dresden stoppt nach einem Eilantrag von Naturschutzverbänden den Baubeginn.
	Das Oberverwaltungsgericht hebt den Baustopp auf, verfügt aber Auflagen. Der Bau kann beginnen.

2008 Mithilfe eines Bürgerbegehrens soll der Bau eines Tunnels durchgesetzt werden. Ein Bürgerbegehren wird als rechtswidrig eingestuft.
Mehrere Anträge auf Baustopp scheitern. Das Verwaltungsgericht entscheidet, dass der Bau der Brücke von Naturschutzverbänden nicht gestoppt werden kann. Deren Klagen werden abgewiesen.

2009 Die UNESCO erkennt den Welterbetitel für das Dresdner Elbtal ab.

2013 Eröffnung und Verkehrsfreigabe der Waldschlößchenbrücke im August

2014-16 Das Bundesverwaltungsgericht prüft die Rechtmäßigkeit des Brückenbaus, der Europäische Gerichtshof prüft, ob europäisches Naturschutzrecht missachtet wurde. Letztendlich erklärt das Bundesverwaltungsgericht den Beschluss zur Planfeststellung für rechtswidrig und fordert die Behörden zur Nachbesserung auf. Der drohende Brückenabriss ist vom Tisch. Die Brücke bleibt stehen.

Linke Seite:
Der Brunnen »Stürmische Wogen« von Robert Diez wurde 1894 am Albertplatz der Öffentlichkeit übergeben. Er hat ein Gegenstück mit der Bezeichnung »Stille Wasser«.
Nach Beschädigungen durch den Krieg wurde der Brunnen abgebaut und an seiner Stelle ein sowjetisches Ehrenmal errichtet. 1994 konnte der Brunnen an seinem alten Platz wieder aufgestellt werden.

Der Dresdner Bogenschütze ist eine Bronzestatue von Ernst Moritz Geyger. Während der erste Guss in Potsdam steht, wurde der zweite 1902 am Neustädter Elbufer aufgestellt.

Links: Sächsisches Wappen am Grünen Tor des Dresdner Schlosses. Die gekreuzten Kurschwerter und der Rautenkranz sind von einem floralen Rankenkranz umgeben.

Rechts: Napoleonstein vor der einstigen Katholischen Hofkirche. An dieser Stelle soll Napoleon Bonaparte am 26. August 1813 gestanden haben, um die Truppenparade vor der Schlacht von Dresden abzunehmen.

Links: Stolpersteine in Dresden: »Es waren unsere Nachbarn«. Mit diesem Projekt des Künstlers Gunter Demnig wird auch in Dresden an die Schicksale von Opfern des Nationalsozialismus erinnert.

Rechts: Am ehemaligen Kühlhaus an der Weißeritzstraße, abgerissen 2005, befand sich dieses Relief von Max Piroch zur Erinnerung an den ersten Fünfjahrplan.

»Tränenmeer« – auf dem Dresdner Heidefriedhof erinnert seit 2010 diese Skulptur
der Bildhauerin Małgorzata Chodakowska an die Toten des 13. Februar 1945.

In der Sächsischen Schweiz – Blick über die Basteibrücke zum Lilienstein, dem König der sächsischen Tafelberge.

DAS GRANDIOSE DRESDNER UMLAND

Gleich, in welcher Richtung man Dresden verlässt, man trifft auf landschaftliche und kulturelle Sehenswürdigkeiten in überreichem Maß. Westlich von Dresden liegt Radebeul. Hier befindet sich das berühmte Karl-May-Museum. Ein besonderer Zauber geht von den Radebeuler Weinbergen aus. Die reizvolle Spitzhaustreppe führt durch die Weinberge hinauf zum Bismarckturm und dem weithin sichtbaren Spitzhaus. Der Blick vom steilen Hang über das Elbtal bis hin zur Sächsischen Schweiz ist überragend. Das Gut Hoflößnitz am Fuße der Weinberge entstand nach dem Dreißigjährigen Krieg. Von besonderem Wert sind die frühbarocken Ausmalungen der Räume. Das weiter elbabwärts gelegene Schloss Wackerbarth lohnt ebenfalls einen Besuch. Der Elbtalwein, der auf den malerischen Terrassen bis über Meißen hinaus reift, gilt in Dresden als besondere Köstlichkeit.

Mit einer Kleinbahn kann man von Radebeul-Ost durch den reizvollen Lößnitzgrund nach Moritzburg fahren. August der Starke ließ den ursprünglichen Renaissancebau durch seinen Architekten Pöppelmann zum barocken Jagdschloss umbauen. Das Schloss, umgeben von Wasser, bietet von allen Seiten einen großartigen Anblick. Durch weiträumige Parkanlagen führt der Weg zum Fasanenschlösschen.

Weiter elbabwärts liegt Meißen. Die stolze Albrechtsburg und der Dom erheben sich auf dem markanten Burgberg über dem historischen Stadtkern. Die Burg ist ein Übergangswerk von der Spätgotik zur Renaissance des Baumeisters Arnold von Westfalen. Im gotischen Dom beeindruckt der Ostchor (1250-60) mit den berühmten Stifterfiguren Otto I. und seiner Gemahlin Adelheid ebenso wie die dreischiffige Hallenkirche aus dem 14. Jahrhundert. Die beiden Türme an der Westfassade wurden erst 1909 fertiggestellt.

Südlich von Dresden lockt das Erzgebirge. Nahe Heidenau, im Südosten der Stadt, finden wir den Barockgarten Großsedlitz. August der Starke erwarb 1723 die schon begonnene Anlage und ließ sie von Daniel Pöppelmann und dem Gartengestalter Zacharias Longuelune nach seinen Vorstellungen weiterbauen. Festlichkeit und Repräsentanz gingen auch hier Hand in Hand. Der Heiterkeit des Parks mit der Freitreppe »Stille Musik« kann sich auch der heutige Besucher nicht entziehen.

Im Müglitztal befindet sich eine weitere, im wahrsten Sinne märchenhafte Anlage: Schloss Weesenstein, auf einem hohen Bergsporn. Die mittelalterliche Burg hat viele Umbauten erlebt. Der schlanke, hohe Turm ragt stolz über das Schloss hinaus. Weesenstein war König Johanns (1801–1873) Lieblingswohnsitz. Hier übersetzte er in seiner Jugend Dantes »Göttliche Komödie«. Dabei versteckte er sich hinter dem Pseudonym »Philalethes«. Sehenswert sind neben der barocken Schlosskapelle die Wohnräume der königlichen Familie. Im Schloss finden vielfältige Kulturveranstaltungen statt.

Folgen wir dem Lauf der Elbe stromaufwärts, so erreichen wir bald Pillnitz, den bezaubernden Vergnügungsort Augusts des Starken. Ab 1765 dienten Schloss und Park den Herrschern als Sommerresidenz. Die Architektur lebt von der damals modischen Hinwendung zu China. Die geometrisch angelegten Parkanlagen orientieren sich auf das Zentrum der vielgestaltigen Palais und Orangerien. Ein Höhepunkt ist die Einbindung der Elbe in die festliche Schlossanlage. Die geschwungene Freitreppe muss man sich als grandiose Anlegestelle der kurfürstlichen Gondeln von einst vorstellen. Die alljährlich stattfindenden Freiluftkonzerte im Schlosspark haben ein besonderes Flair und sind außerordentlich beliebt.

Unter dem nahen Borsberg breiten sich am Steilhang die Pillnitzer Weinberge aus. Ein traumhaft aussichtsreicher Weg führt oberhalb der Weinberge entlang. Bei einem köstlichen Tropfen Wein unterhalb der Rysselkuppe, im ehemaligen Königlichen Weinberg, heute Weingut Klaus Zimmerling, kann eine kleine und unvergessliche Pillnitzer Wanderung ausklingen. Von Pillnitz ist es nicht weit bis nach Pirna, dem Tor zur Sächsischen Schweiz. Der mittelalterliche Stadtkern hat ein unbeschreibliches Flair.

Schon um 1800 gehörte zum Standardprogramm eines Dresdenbesuches eine drei- bis viertägige Tour in die Sächsische Schweiz. Dieses kleine, aber charaktervolle Felsengebirge hat bis heute nichts von seiner Anziehungskraft verloren.

Die Spitzhaustreppe führt über 397 Stufen mitten durch die Radebeuler Weinberge.
Links das Tor zum Weinberg »Goldener Wagen«

Rechte Seite:
Blick über die Weinbergterrassen zum Bismarckturm und Spitzhaus

Vorhergehende Doppelseite:
Blick von der Aussichtsterrasse am Bismarckturm über Radelbeul nach Dresden

Das Barockschloss Moritzburg ist ein grandioses Zusammenspiel von Architektur, Wasser und Parkanlage.

Moritzburg, das Jagdschloss
Augusts des Starken

Das Fasanenschlösschen im
Schlosspark Moritzburg

Schloss Pillnitz – die große Freitreppe zur Elbe. Hier legten die Gondeln an, auf denen der Dresdner Hof seine Lustfahrten unternahm.

Linke Seite:
August der Starke schenkte 1706 seiner berühmten Mätresse Gräfin Cosel Schloss Pillnitz. Hier wurden rauschende Feste gefeiert. Als die Gräfin längst auf die Burg Stolpen verbannt war, wurde Schloss Pillnitz zu einer beeindruckenden Barockanlage im chinesischen Stil ausgebaut.

Links: »Con Amore« von Małgorzata Chodakowska
Rechts: Die grazilen Figuren der Bildhauerin entstehen im Atelier direkt am Weinberg.
Im Ausstellungsraum, liebevoll »Uffizien« genannt, haben sich einige versammelt: anmutig und nachdenklich, hoheitsvoll und voll innerer Ruhe.

Linke Seite:
Das Weingut Zimmerling (links der Weinkeller) unter der Rysselkuppe. Hier am Pillnitzer Elbhang verbinden sich Wein und Kunst auf einzigartige Weise, das Flair erinnert an Italien. Auf dem verwitterten Granit des ehemaligen Königlichen Weinberges gedeihen Riesling, Grau- und Weißburgunder, Kerner und Traminer.

Schloss Weesenstein im Müglitztal war der Lieblingswohnsitz König Johanns (1801–1873), der hier Dantes »Göttliche Komödie« übersetzte.

Die Freitreppe mit der »Stillen Musik« ist einer der Glanzpunkte der barocken Schloss- und Gartenanlage von Großsedlitz.

Meißen – der Burgberg
mit der Albrechtsburg und
dem gotischen Dom

Der Meißner Dom – Blick durch
das Langhaus zum Lettner und
zum Hohen Chor

Pirna – den Blick über den Markt zu dem spitzgiebligen Haus (Touristeninformation) und der Marienkirche, mit dem Rathaus auf der linken Seite, hat schon 1753/54 Canaletto gemalt.

Sächsische Schweiz – der Blick von der Bastei gehört zu den außergewöhnlichen Aussichten des kleinen Felsengebirges.

VERWENDETE LITERATUR

Zum Essay von Prof. Dr. Günter Jäckel (†):
BENJAMIN, W.: Allegorien kultureller Erfahrung. Ausgewählte Schriften 1920–1940. Hrsg. v. Sebastian Kleinschmidt. Leipzig (RUB) 1984
DEUTSCHE ERINNERUNGSORTE I–III. Hrsg. v. Étienne François und Hagen Schulze. München 2001
SCHLEGEL, A. W.: Die Gemählde. Gespräche. Hrsg. v. Lothar Müller. Dresden (Fundus) 1993
STIERLE. K.: Der Mythos von Paris. Zeichen und Bewusstsein der Stadt. München 1993
JÄCKEL, G.: Dresden zur Goethezeit. Die Elbestadt von 1760 bis 1815. Berlin 1990
JÄCKEL, G.: Dresden zwischen Wiener Kongress und Maiaufstand. Die Elbestadt von 1815 bis 1850. Berlin 1990

Zu den sonstigen Texten:
LÖFFLER, F.: Das alte Dresden. Dresden 1984
STADTLEXIKON DRESDEN. Dresden 1994
DRESDEN. Geschichte der Stadt. Dresden 2002
QUINGER, H.: Dresden und Umgebung. Köln 2000
FÖRSTER, R.: Damals in Dresden. Berlin 1988
VOLK, W.: Dresden, historische Straßen und Plätze heute. Berlin 1984
ARCHITEKTURFÜHRER DRESDEN. Berlin 1987
ARCHITEKTURFÜHRER DER DDR. Bezirk Dresden. Berlin 1979

DANKSAGUNG
Meine verstorbenen Freunde, die Urdresdner Siegfried Kukowski und Karlheinz Schweinitz, haben mir auf ihre unverwechselbare Art und Weise ihre Heimatstadt erschlossen. Für viele Hinweise und Hilfe danke ich Dr. Karl-Ludwig Hoch (†), Günther Karasek, Marion und Heinz Neumann, Felix Gaumnitz (†) und Brita Gaumnitz.

Bildnachweis:
Seite 8: Dresden vom Ballon gesehen, 1852, kolorierte Lithografie von Adolf Eitzner und Heinrich Walther, Stadtmuseum Dresden
Seite 41: Matthias Creutziger, Dresden
Seite 47-2: Förderverein Gedenkstätte Sophienkirche-Busmannkapelle Dresden/Schumann
Seite 51: bpk | Staatliche Kunstsammlungen Dresden | David Brandt
Seite 84: Martin Richter
Alle übrigen Fotos stammen vom Verfasser.

6., neu bearbeitete Auflage

Essay »Vom Mythos der Stadt«, S. 9 ff: Prof. Dr. Günter Jäckel (†)
»Ruf aus Dresden«, S. 54: Text des Aufrufs der »Bürgerinitiative für den Aufbau der Frauenkirche« vom 13. Februar 1990

Seitenlayout und Satz: VerlagsService Dietmar Schmitz GmbH, Heimstetten
Bildbearbeitung: Fotoweitblick Raphael Lichius, Bad Aibling
Druck und Bindung: FIRMENGRUPPE APPL, aprinta druck, Wemding
Printed in Germany
ISBN 978-3-475-54610-5